KLARTEXT

**Bildnachweis:**

Adobe Stock: Robert Kneschke S. 4/5; Ingo Bartussek S. 6/7; C. Schiller S. 10; Peter Jesche S. 17; Soonthorn S. 18; Soru Epotok S. 20; Blue Moon S. 25; Bradley S. 29; thauwald-pictures S. 30; christianthiel.net S. 46; udra11 S. 51; zatletic S. 54; Robert Hoetink S. 59; Frank Krautschick S. 67; Volker S. 69; Anatolii S. 70/71; valery121283 S. 72; curto S. 73; GLandStudio S. 74/75; Stockfotos-MG S. 77; Viktor S. 82/83; fotografci S. 84; Aleksandr Volkov S. 85; Jillian S. 87; rainbow33 S. 88/89; Waldteufel S. 90; Rafael Ben-Ari S. 92; drubig-photo S. 102; Olaf Simon S. 103 o.; sonne_fleckl S. 103 u.; JackF S. 109; rpbmedia S. 112/113; Jane Lane S. 118/119 / Gabriele Bretschneider S. 79 / Funke Foto Services: Jensen Zlotowicz S. 104 / Karl Alfred von Hase: Unsere Hauschronik. Leipzig, 1898 S. 19 / Imago Images: Imago Images/epd S. 13; Imago Images/Xinhua S. 111 / Mirko Krüger: S. 9 Repro, 32, 39, 53, 60/61 Repro, 64/65, 97, 99, 101, 107 / Städel Museum: CC BY-SA 4.0, Städel Museum, Frankfurt am Main, https://creativecommons.org/licenses/by-sa/4.0/deed.de S. 35; CC BY-SA 4.0, Städel Museum, Frankfurt am Main, https://creativecommons.org/licenses/by-sa/4.0/deed.de S. 41 / Universitätsbibliothek Heidelberg, Fürstlich Waldecksche Hofbibliothek, Klebeband 16, Seite 89, Abb. S. 45 / Walters Art Museum, Acquired by Henry Walters 1930, CC0 1.0 S 80 / Wikipedia: Von Dianelos Georgoudis - Eigenes Werk, CC BY-SA 3.0 S. 42; Andrej Subbotin – Eigenes Werk, CC BY 3.0 S. 93 o. / Von Nationwide Specialty Co., Arlington, Texas - In Buffalo, N.Y., Stanley Novelty Co., 200 S. Ogden St. - Boston Public Library - https://www.flickr.com/photos/boston_public_library/7045688651/, CC BY 3.0 S. 110

Bibliografische Information der Deutschen Nationalbibliothek
Die Deutsche Nationalbibliothek verzeichnet diese Publikation in der
Deutschen Nationalbibliografie; detaillierte bibliografische Daten sind
im Internet über portal.dnb.de abrufbar.

Impressum
1. Auflage Februar 2022
Layout und Satz: Joachim Bartels
Umschlaggestaltung: Guido Klütsch, Köln
Umschlagabbildungen: © Bryan Busovicki (Osterinsel), © t0m15 (Palmsonntag),
© Rafael Ben-Ari (Bugs Bunny), © senoldo (Ei); Imago Images: UIG (Bilby),
shotshop (Osterkaktus);
Autorenfoto Umschlagklappe: Nadin Krüger
Druck und Bindung: Linsen Druckcenter GmbH, Siemensstraße 12–14, 47533 Kleve

© Klartext Verlag, Essen 2022
ISBN 978-3-8375-2333-1

Jakob Funke Medien Beteiligungs GmbH & Co. KG
Jakob-Funke-Platz 1, 45127 Essen
info.klartext@funkemedien.de
www.klartext-verlag.de

Mirko Krüger

# Ostern

**Populäre Irrtümer
und andere Wahrheiten**

# Inhalt

- 6  Zum Geleit
- 8  Das höchste Fest des Jahres
- 10  Heidnische Wurzeln
- 12  Aschermittwoch bis Pfingsten
- 15  O du fröhliche
- 16  10 schokoladige Fakten
- 18  … ich weiß von nichts
- 20  10 Fakten über Feldhasen
- 23  Meister Lampe
- 24  Weltbekannter Hase
- 26  10 hasenstarke Sprüche
- 28  Lieber Bilby als Bunny
- 30  8 Tage, die die Welt veränderten
- 38  Wann starb Jesus?
- 40  Tod am Marterpfahl
- 42  Das Turiner Grabtuch
- 44  Longinus und die Lanze

| | | | |
|---|---|---|---|
| 46 | Was wurde aus ...? | 85 | Die Macht des Einzelnen |
| 49 | Himmel und Hölle | 86 | Die Tricks der Mönche |
| 50 | 10 vorlaute Fragen | 88 | Brav wie ein Lamm. 10 Fakten |
| 52 | Gibt es Nachfahren Jesu? | 91 | Heidi darf nicht laufen |
| 54 | Nicht auf den Mund gefallen | 92 | Zwei alte Hasen |
| 58 | Wo speiste Jesus seine Jünger? | 94 | Jesus Christ Superstar. 10 Fakten |
| 62 | Brot und Wein | 96 | Hier bin ich Mensch |
| 63 | Mythos und Realität | 98 | Mit Feuer und Wasser |
| 66 | Haarige Zeiten in Oberammergau | 102 | Was uns blüht |
| 68 | Symbol des Lebens | 104 | Gut Ei und Kikeriki |
| 70 | Was war zuerst da, Huhn oder Ei? | 106 | Osterferien in Ostern |
| 72 | 10 Fakten wider das Rumeiern | 108 | Wie andere feiern |
| 74 | Das Nährstoffwunder | 112 | Massaker am Ostermontag |
| 77 | Woher stammt mein Ei? | 114 | Das Quiz für Ostern-Experten |
| 78 | Keine Binsenweisheit | 118 | Selten so gelacht |
| 80 | Das wahre Ü-Ei | 120 | Zitate |
| 82 | Das Gelbe vom Ei | | |

# Zum Geleit

Ostern ist ein merkwürdiges Fest. Kinder suchen Eier, die ein Hase versteckt haben soll. Christen feiern die Auferweckung eines Toten. Mit den Mitteln der Vernunft ist weder das eine noch das andere zu fassen. Was also ist damals, vor rund 2.000 Jahren, wirklich in Jerusalem passiert? Haben Jünger den Leichnam Jesu Christi gestohlen, um so eine Auferstehung inszenieren zu können? Ein bloßes Hirngespinst ist diese Frage sicher nicht; selbst im Neuen Testament wird ein solches Szenario erwähnt.

„Ostern. Populäre Irrtümer und andere Wahrheiten" wirft Fragen auf wie: Welches Fest ist bedeutsamer, Weihnachten oder Ostern? Was hat die Redensart „Mein Name ist Hase, ich weiß

von nichts" mit Ostern zu tun? Geht das Wort Ostern wirklich auf eine heidnische Göttin zurück? Wie entsteht ein Schoko-Osterhase? In welcher Stadt spielt Goethes berühmter Osterspaziergang? Warum wurden Biber ausgangs des Mittelalters zu Fischen erklärt? Was wurde aus Jesu Gegnern und was aus Maria Magdalena? Und natürlich darf gerade in einem solchen Buch die Frage aller Fragen nicht fehlen: Was war zuerst da, Huhn oder Ei?

Kein Zweifel, in der Osterzeit gibt es viele Gelegenheiten, sich selbst sowie uns allen zu zeigen, wie der Hase läuft …

Frohe Ostern!

## POPULÄRER IRRTUM

## Das höchste Fest des Jahres

**Für viele Menschen ist Weihnachten das Fest der Feste. Was kann es Schöneres geben, als die Geburt eines Kindes zu feiern, andere zu beschenken und selbst beschenkt zu werden ... Doch irrt, wer meint, es gebe für Christen kein wichtigeres Fest.**

In welcher Woche verkauft der Einzelhandel in Deutschland die meisten Süßwaren? Sind es die Tage vor Nikolaus? Oder doch die Woche vor Weihnachten? Weder noch. Die richtige Antwort lautet: Süßigkeiten werden besonders häufig in der Woche vor Ostern gekauft.

Kann man die Frage nach der Bedeutsamkeit der Feste damit bereits beantworten? Läuft alles auf ein Duell von Schokohase und Schokoweihnachtsmann hinaus? Natürlich nicht. Dennoch weist der schokoladige Vergleich in die richtige Richtung: Ostern ist im christlichen Verständnis das wichtigere Fest.

Natürlich wäre Ostern ohne Jesu Geburt undenkbar. Doch erst sein Leiden, das Sterben und die Auferstehung manifestieren den christlichen Glauben. „Vater, vergib ihnen, denn sie wissen nicht, was sie tun", spricht Jesus am Kreuz. Indem er die Schuld auf sich nimmt, wird er zum Inbegriff der Hoffnung. Deshalb lebt der Auferstandene auch nicht weiter wie zuvor; er gewinnt ein neues, ein unvergängliches Sein.

Der Evangelist Markus beschreibt die Entdeckung des leeren Grabes durch Frauen, die den Leichnam salben wollten, so: „Und sie gingen hinein in das Grab und sahen einen Jüngling zur rechten Hand sitzen, der hatte ein langes weißes Gewand an, und sie entsetzten sich. Er aber sprach zu ihnen: Entsetzt euch nicht! Ihr sucht Jesus von Nazareth, den Gekreuzigten. Er ist auferstanden, er ist nicht hier. (...) Geht aber hin und sagt seinen Jüngern und Petrus, dass er vor euch hingeht nach Galiläa; da werdet ihr ihn sehen."

Beweisen lässt sich die Auferstehung nicht. Letztlich kann man daran nur glauben – oder eben auch nicht.

Der Evangelist Markus berichtet von der Entdeckung des leeren Grabes. Der Holzschnitt von Lucas Cranach zeigt ihn am Schreibpult. Das Bild entstand für die Lutherbibel von 1534.

# Heidnische Wurzeln

**Warum heißt Ostern, wie es heißt? Geht der Name für das christliche Fest auf eine heidnische Göttin namens Ostara zurück? Sprachexperten sind geteilter Meinung.**

Es war einmal … Mit diesen Worten fangen Märchen gemeinhin an. Sie erzählen aus den guten alten Zeiten. Dank der Brüder Grimm gehören Märchen seit mehr als 200 Jahren zum Kanon der deutschen Literatur. Weit weniger bekannt ist, dass Jacob Grimm nach den Kinder- und Hausmärchen ein weiteres mehrbändiges Werk herausgegeben hat. Dessen einzelne Kapitel könnten ebenso mit „Es war einmal …" eingeleitet werden. Dennoch gibt es einen wesentlichen Unterschied zwischen den Märchen und dem Werk „Deutsche Mythologie". In Letzterem versammelt Grimm keine märchenhaften Geschichten, sondern vielmehr den Volksglauben an sich. Im Fokus stehen insbesondere die Götter der alten Germanen. Zu ihnen gehört Ostara.

Jacob (links) und Wilhelm Grimm
auf dem Nationaldenkmal in Hanau

Sie war, so schreibt Grimm, die „Gottheit des strahlenden Morgens, des aufsteigenden Lichts". Er spricht von ihr als „freudige, heilbringende Erscheinung". Im Namen Ostaras feierten die Germanen ihr Frühlingsfest. Sie entfachten Freudenfeuer und schöpften Osterwasser, während weiß gekleidete Jungfrauen in die Rolle der Göttin schlüpften. Grimm erkennt deshalb in Ostara „ein höheres Wesen des Heidentums (...), dessen Dienst so feste Wurzeln geschlagen hatte, dass die Bekehrer den Namen duldeten und auf eines der höchsten christlichen Jahresfeste anwandten".

Dank der Popularität, die Grimm hatte, fand seine Deutung im 19. Jahrhundert weithin Verbreitung. Doch seit dem frühen 20. Jahrhundert melden Sprachwissenschaftler immer wieder Zweifel an. Dabei geht es nicht darum, ob es überhaupt eine Göttin der Morgenröte gegeben hat. Die Kritik zielt vielmehr darauf, dass es keine authentischen Belege für den Namen einer solchen Gottheit gibt. Ohnehin sei es möglich, dass Ostern auf andere Wörter als Ostara zurückgeht. Dazu gehören das altnordische „austr" sowie das altgermanische „austro". Beide bezeichnen den Ort der Morgenröte – den Osten.

Das Problem bei all diesen Deutungsversuchen ist stets das gleiche: Keines der altgermanischen Völker hat sein eigenes Dasein bzw. seine religiösen Vorstellungen in Schriftform überliefert. Die älteste bekannte Quelle, die von Ostara berichtet, stammt aus dem Ausland. Im 8. Jahrhundert notierte der angelsächsische Theologe Beda Venerabilis, das Osterfest sei benannt nach einer Göttin, welche er auf Latein als „Eostrae" bezeichnet. Auf ebendiese Quelle hatte sich Jacob Grimm ein gutes Jahrtausend später bezogen. Aus Eostrae wurde bei ihm Ostara.

Das vielleicht stärkste Argument für diese Darstellung ergibt sich aus einer Gegenfrage. Mit Beda Venerabilis hatte nicht irgendwer die Namensgebung des höchsten Festes der Christenheit auf eine heidnische Göttin zurückgeführt. Er war einer der Kirchenväter des Frühmittelalters. Warum sollte ausgerechnet er eine heidnische Wortherkunft erfunden haben?

## POPULÄRER IRRTUM

# Aschermittwoch bis Pfingsten

**Wie lange dauert Ostern? Und schon beginnen wir abzuzählen: Karfreitag, Samstag, Ostersonntag, Ostermontag – das macht vier Tage. Von wegen! Der österliche Festkreis umfasst sage und schreibe 50 Tage. Rechnet man außerdem die Fastenzeit hinzu, werden es sogar drei Monate.**

### DIE FASTENZEIT

Das Abzählen von Tagen folgt mitunter wunderlich anmutenden Regeln. Das zeigt sich gerade in der Fastenzeit, welche am Aschermittwoch beginnt. Gefastet wird bis zum Ostersamstag, und zwar 40 Tage lang. Wer genau nachzählt, stellt fest: Diese Zeitspanne umfasst sogar 46 Tage. Allerdings gelten die Sonntage nicht als klassische Fastentage. Somit bleibt es bei der bedeutsamen Zahl 40. Derart viele Tage hatte Jesus nach seiner Taufe gebetet und gefastet. Während Katholiken klassisch fasten, setzt die evangelische Kirche auf andere Formen der Enthaltsamkeit. So galt im Jahr 2020 das Motto „7 Wochen ohne Pessimismus".

### DIE PASSIONSZEIT

Der Begriff Passion steht für das Leiden und Sterben Jesu. In dieser Zeit setzen sich Christen intensiv mit den historischen Geschehnissen auseinander. Nach evangelischem Verständnis sind Fastenzeit und Passionszeit identisch. Für Katholiken beginnt die eigentliche Passionszeit erst am zweiten Sonntag vor dem Ostersonntag. An diesem Tag werden Kruzifixe und Altäre mit Tüchern verhüllt.

### DER PALMSONNTAG

Am letzten Sonntag vor Ostern wird des Einzugs Jesu in Jerusalem gedacht. Der Evangelist Johannes überliefert das Ereignis so:

„Da nahmen sie Palmzweige, zogen hinaus, um ihn zu empfangen, und riefen: Hosanna! Gesegnet sei er, der kommt im Namen des Herrn, der König Israels!" Katholische Gemeinden begehen diesen Tag auch mit Prozessionen. Die bekannteste findet in Heiligenstadt (Eichsfeld) statt. Sie wurde von der Deutschen UNESCO-Kommission zum immateriellen Kulturerbe erklärt.

Tausende säumen die Heiligenstädter Straßen, wenn am Palmsonntag die Prozession stattfindet.

## DIE KARWOCHE

Am Gründonnerstag fand das letzte Abendmahl Jesu mit den zwölf Aposteln statt. Der Karfreitag ist Jesu Sterbetag. Für Katholiken ist er ein besonders strenger Fastentag. Gottesdienste beider Konfessionen beginnen zumeist um 15 Uhr, also in der

Todesstunde. Der Tag ist ein gesetzlicher Feiertag, es gelten besondere Beschränkungen. Volksbelustigungen dürfen ebenso wenig stattfinden wie Tanz- und Sportveranstaltungen. Am Karsamstag ruht Jesus im Grab. Es ist ein Tag des stillen Gedenkens.

## DER OSTERSONNTAG

Er ist der wichtigste Feiertag im Kirchenjahr sowie gesetzlicher Feiertag. Mit ihm beginnt die eigentliche, 50 Tage währende Osterzeit. Die liturgische Feier der Auferstehung Jesu beginnt in der Osternacht, auf jeden Fall aber vor Sonnenaufgang.

## DER OSTERMONTAG

Auch er ist ein gesetzlicher Feiertag. Wie bei Weihnachten und Pfingsten wird der Hauptfeiertag fortgesetzt, was die Bedeutung des Festes zusätzlich unterstreicht.

## DER WEISSE SONNTAG

Der erste Sonntag nach Ostersonntag. Traditionell findet die Erstkommunion statt.

## CHRISTI HIMMELFAHRT

Der 39. Tag nach dem Ostersonntag wird auch Vatertag genannt. Er fällt immer auf einen Donnerstag und ist gesetzlicher Feiertag. Das Lukas-Evangelium überliefert, was an diesem Tag geschah: Der Auferstandene weilte unter seinen Jüngern. „Während er sie segnete, verließ er sie und wurde zum Himmel emporgehoben." Jesus Christus entschwand in einer Wolke.

## PFINGSTEN

Der Pfingstsonntag ist der 50. und damit letzte Tag der Osterzeit. Christen feiern die Ausgießung des Heiligen Geistes. An diesem Tag fuhr ein Brausen vom Himmel hernieder und ermächtigte die Jünger Jesu, das Evangelium in die Welt zu tragen. Mit anderen Worten: Dieser Tag manifestiert die Gründung der christlichen Kirche.

## POPULÄRER IRRTUM

# O du fröhliche

**In einem der beliebtesten deutschen Weihnachtslieder heißt es: „O du fröhliche, o du selige, gnadenbringende Weihnachtszeit! Welt ging verloren." Entstanden war das Lied aber keineswegs, um nur an Weihnachten gesungen zu werden.**

Vermutlich 1815 schrieb Johannes Daniel Falk die ersten drei Strophen von „O du fröhliche". Er textete sie zu einer Melodie, die in Deutschland wenige Jahre zuvor als sizilianische Marienhymne bekannt geworden war. Falk verfolgte klare Absichten. Sein Lied sollte zur Erbauung von Waisenkindern dienen, die er und seine Frau Caroline betreuten.

Das Ehepaar hatte 1813 vier seiner Kinder nach einer Typhuserkrankung verloren. Auch vor diesem Hintergrund gründete Johannes Daniel Falk in Weimar die „Gesellschaft der Freunde in der Not". Sie unterstützte Kinder und Jugendliche, die durch die napoleonischen Kriege eltern- und heimatlos geworden waren. Zunächst nahmen die Falks in ihrer eigenen Wohnung 30 Waisen auf. Schon bald kamen weitere Quartiergeber hinzu, schließlich entstand ein Waisenhaus. Mit seinem Projekt gilt Johannes Daniel Falk als Begründer der Jugendsozialarbeit in Deutschland.

„O du fröhliche" gehörte zu jenen Liedern, die seine Schützlinge auswendig lernen mussten. Er selbst nannte es ein Allerdreifeiertagslied. Es hat jenseits der ersten Weihnachtsstrophe zwei Strophen, die sich auf Ostern und Pfingsten beziehen. Auch sie beginnen mit „O du fröhliche, o du selige", ehe diese Verse folgen: „... gnadenbringende Osterzeit! Welt liegt in Banden, Christ ist erstanden" sowie „... gnadenbringende Pfingstenzeit! Christ, unser Meister, heiligt die Geister".

Die heutige, weihnachtliche Fassung der zweiten und dritten Strophe stammt von Falks zeitweiligem Mitarbeiter Heinrich Holzschuher. Sie wurden 1826, im Sterbejahr Falks, erstmals veröffentlicht.

# 10 schokoladige Fakten

220.000.000 **Schokoladenosterhasen** werden jährlich in Deutschland produziert. Beinahe jeder zweite Hase wird exportiert.

150.000.000 **Weihnachtsmänner** entstehen pro Jahr aus Schokolade. Rund 100 Millionen verbleiben in Deutschland.

All diese **Schokofiguren** werden nicht wirklich gezählt. Die Industrie gibt vielmehr das Gesamtgewicht ihrer Produktion in Tonnen an. Diese Werte werden üblicherweise so umgerechnet, als wären ausschließlich 100 Gramm schwere Osterhasen und Weihnachtsmänner fabriziert worden.

Übrig gebliebene Osterhasen und Weihnachtsmänner werden **weder eingeschmolzen noch umverpackt**, betont der Bundesverband der Deutschen Süßwarenindustrie. Das sei lebensmittelrechtlich nicht zulässig und würde sich ohnehin nicht lohnen.

Typisch für die Süßwarenindustrie ist die **azyklische Herstellung**. Die Produktion von Osterhasen beginnt spätestens in der Adventszeit. Die Vorbereitungen für das Weihnachtsgeschäft starten in der Osterzeit.

Schokohasen wurden erstmals im 19. Jahrhundert angeboten. Sie waren noch massiv und mitunter kiloschwer. Nur wenige Menschen konnten sich diesen **Luxus** leisten.

Zu Beginn des 20. Jahrhunderts entstanden die ersten Hohlfiguren. Chocolatiers spannten dafür die Formen auf **Honigschleudern**. Durch sanftes Drehen verteilte sich die flüssige Schokolade gleichmäßig und härtete dabei aus.

Ein Hase aus Vollmilchschokolade ist eine wahre **Kalorienbombe**. Eine 100 Gramm schwere Figur besteht aus etwa 30 Gramm Fett und 50 Gramm Zucker. Der Nährwert liegt bei 220 Kilojoule bzw. bei 530 Kalorien. Die tatsächlichen Werte variieren von Produkt zu Produkt.

Je höher der **Kakao-Anteil**, umso hochwertiger ist aus ernährungswissenschaftlicher Sicht die Schokolade. Allerdings schmeckt dunkle Schokolade bitter. Weiße Schokolade enthält überhaupt keinen Kakao, dafür ist der Anteil an Kakaobutter sehr hoch.

Der in Deutschland zu Schokolade verarbeitete Kakao stammt hauptsächlich aus Westafrika. Der Anteil des **unter nachhaltigen Bedingungen** erzeugten Kakaos liegt laut Süßwarenindustrie bereits über 70 Prozent. Im Jahr 2011 waren es nur drei Prozent. Typische Siegel sind Fairtrade, Rainforest Alliance und UTZ.

## POPULÄRER IRRTUM

## ... ich weiß von nichts

**Mein Name ist Hase, ich weiß von nichts. Sind auch Sie der Meinung, dass sich diese Redensart auf Hasen bezieht? Glauben Sie, dass der Osterhase damit die Frage verneint, wo er die Eier versteckt hat? Dann wird es Zeit, die wahre Herkunft dieses Spruchs kennenzulernen.**

Im Mittelpunkt dieser Geschichte steht ausnahmsweise nicht Lepus europaeus, wie der Feldhase wissenschaftlich genannt wird, sondern ein Homo sapiens, ein moderner Mensch also. Und dieser Mensch heißt Karl Victor Hase. Der gebürtige Thüringer hatte sein Jurastudium in Jena begonnen, war dann aber an die Heidelberger Universität gewechselt. Hier kam es 1855 zu einem verhängnisvollen Duell: Ein Student erschoss einen Kommilitoren. Solche Zweikämpfe waren in jenen Jahren zwar nichts Ungewöhnliches. Dennoch wurden die Beteiligten daraufhin verfolgt, erst recht, wenn Duelle derart dramatisch ausgegangen waren.

Um dem polizeilich Gesuchten zur Flucht verhelfen zu können, ließ sich Hase einen Trick einfallen. Er verlor vor dessen Augen scheinbar zufällig seinen Studentenausweis. Dank dieser falschen Papiere gelang es dem Duellanten, über Straßburg nach Frankreich zu entkommen. Hier verlor er absichtlich die Dokumente. Sie wurden prompt gefunden und an die Universität nach Heidelberg gesandt.

Schon bald musste sich Karl Victor Hase als Fluchthelfer vor einem Untersuchungsrichter verantworten. Doch er verweigerte jegliche, die Sache betreffende Aussage. In seiner Familienchronik ist der ent-

Hase gegen Ende der 1850er-Jahre. Er erlag 1860 im Alter von 25 Jahren einer Krankheit.

scheidende Satz vermerkt. Der werdende Jurist hatte demnach dem Richter entgegnet: „Mein Name ist Hase, ich verneine die Generalfragen, ich weiß von nichts." Letztlich berief er sich damit auf das Recht, sich als Beschuldigter nicht selbst zu belasten. Tatsächlich kam Karl Victor Hase ungeschoren davon. Auch der Geflohene konnte nicht belangt werden. Einem Freund schrieb Hase nach dessen gelungener Flucht: „Pseudo-Hase ist glücklich in der Fremdenlegion."

Nur ein Jahr nach den Heidelberger Vorgängen lieferte sich auch Karl Victor Hase ein Duell mit einem Mitstudenten. Beide überlebten, gleichwohl zog sich Hase eine tüchtige Schmarre zu. Seine Aussage vor Gericht war zu diesem Zeitpunkt bereits zu einem viel zitierten Spruch in Studentenkreisen geworden. Schon bald sollte die verkürzte Form in ganz Deutschland bekannt werden. Mein Name ist Hase, ich weiß von nichts.

# 10 Fakten über Feldhasen

Während es im Frühjahr in Lebensmittelgeschäften nur so wimmelt von Schokohasen, bekommen viele Menschen einen echten Osterhasen nie oder nur selten zu Gesicht. Warum ist das eigentlich so? Und wie geht es diesen Tieren überhaupt?

### WER IST DER WAHRE OSTERHASE?

Hase ist nicht gleich Hase. Immerhin 55 Arten gehören zu der Tierfamilie, dazu zählen auch die Wild- und die Hauskaninchen. Zu letztgenannter Art gehören dank eifriger Züchter wiederum mehr als 80 Rassen. Trotz all der Vielfalt ist nur eine Hasenart das wahre Symbol des Osterfests – der Feldhase.

### WIE SEHEN FELDHASEN AUS?

Ihr auffälligstes Merkmal sind die langen Ohren, die Löffel genannt werden. Feldhasen haben im Sommer ein braunes Fell, im Winter ist es graubraun. Der Bauch und die Unterseite ihres Schwanzes sind weiß. Der Schwanz wird von Jägern auch als Blume bezeichnet. Feldhasen werden bis zu sechs Kilogramm schwer und etwa 70 Zentimeter lang. Ihre Augen befinden sich seitlich am Kopf, was ihnen fast einen Rundumblick ermöglicht.

Feldhasen können bis zu zwölf Jahre alt werden.

## WIE WURDEN FELDHASEN ZUM OSTERSYMBOL?

Darüber können wir angesichts fehlender Quellen nur orakeln. Gut möglich, dass dies ausgerechnet an der Fortpflanzungsfreude der Tiere liegt. Auch das Ei ist ja ein Symbol der Fruchtbarkeit. Häsinnen werfen mehrmals im Jahr.

## WARUM HOPPELN HASEN?

Das liegt an der unterschiedlichen Länge ihrer Beine; die Hinterläufe sind kräftiger ausgebildet. Gerade diese vermeintliche Ungelenkigkeit verleiht Feldhasen hohe Geschwindigkeiten. Mehr als 70 km/h sind möglich. Die muskulösen Hinterläufe lassen die Tiere förmlich losschnellen, ihr Rennen ähnelt einem unablässigen Springen. Mehr als zwei Meter kann ein solcher Satz lang sein. Auf der Flucht wenden Feldhasen zusätzlich einen Trick an: Sie ändern im vollen Lauf die Richtung, sie schlagen Haken.

## WIE VIELE FELDHASEN GIBT ES?

In Deutschland leben vermutlich drei bis vier Millionen Feldhasen. Mit anderen Worten: Auf jeden Osterhasen kommen etwa 25 Menschen. Die Bestandszahlen basieren auf Hochrechnungen, die auf der Grundlage örtlicher Zählungen vorgenommen werden. Das tatsächliche Vorkommen wird unter anderem stark von der Witterung beeinflusst. Milde Winter und trockene Frühjahre fördern die Population.

## SIND DIE TIERE BEDROHT?

Die Lebensbedingungen der Feldhasen haben sich insbesondere durch die Intensivierung der Landwirtschaft in den vergangenen Jahrzehnten zusehends verschlechtert. Sie hatten zuvor von der extensiven sowie kleinteiligen Landwirtschaft profitiert. Feldhasen wurden in Deutschland in die Rote Liste der gefährdeten Tierarten aufgenommen. Dennoch dürfen sie von Oktober bis Dezember bejagt werden. Zugleich setzen sich Jäger aber auch für eine Verbesserung der natürlichen Lebensräume ein, etwa durch das Anlegen von Blühstreifen, Hecken und Brachflächen.

## WO LEBEN FELDHASEN IN DEUTSCHLAND?

Ihr Vorkommen ist regional sehr unterschiedlich ausgeprägt. Vergleicht man die Bestandszahlen pro Quadratkilometer, leben besonders viele Feldhasen in den westlichen und südlichen Bundesländern (elf bis 16 je Quadratkilometer). In den östlichen Ländern werden durchschnittlich nur fünf bis sieben Tiere pro Quadratkilometer gezählt. Die Ursachen liegen in der im Osten großflächiger betriebenen Landwirtschaft.

## BOXEN FELDHASEN WIRKLICH MITEINANDER?

Ja, und das sogar auf eine äußerst spektakuläre Weise. In der Fortpflanzungszeit kämpfen männliche Tiere um das Vorrecht, eine Häsin begatten zu können. Die Hasen richten sich dabei auf ihren kräftigen Hinterläufen auf und trommeln mit den Vorderläufen aufeinander los. Diese im aufrechten Stehen ausgetragenen Kämpfe können minutenlang dauern.

## WER SIND DIE NATÜRLICHEN FEINDE DER FELDHASEN?

Füchse, Greif- und Rabenvögel. Bedroht sind nicht in erster Linie ausgewachsene Hasen. Die größte Gefahr besteht für Jungtiere. Die Häsin lässt sie oft allein in der Sasse (dem Nest) zurück. Zwar sind die Tiere gut getarnt. Doch es genügt bereits, wenn sie von einer Krähe entdeckt werden … Auch eine kalte, nasse Witterung dezimiert die Bestände erheblich. Nur jedes zweite Jungtier überlebt das erste Jahr.

## WARUM WERDEN HASEN IN DER BIBEL ALS UNREINE TIERE DARGESTELLT?

Sowohl im 3. als auch im 5. Buch Mose heißt es, man dürfe Hasen nicht essen. Zwar seien sie Wiederkäuer, doch sie besitzen keine durchgespaltenen Klauen. Der Bibeltext spielt darauf an, dass Hasen bestimmte Bestandteile ihres Kots erneut als Nahrung aufnehmen. Dadurch können sie schwer verdauliche Pflanzennahrung, die sich nun im vergorenen Zustand befindet, erneut der Verdauung zuführen.

# Meister Lampe

**„Pfingsten, das liebliche Fest, war gekommen; es grünten und blühten Feld und Wald; auf Hügeln und Höhn, in Büschen und Hecken übten ein fröhliches Lied die neuermunterten Vögel." Mit diesen Versen eröffnete Goethe ein Epos, das alles andere als lieblich endet. Ein gewisser Meister Lampe wird hinterrücks ermordet …**

Meister Lampe, das ist bis auf den heutigen Tag der volkstümliche Name der Feldhasen. Er geht zurück auf eine spätmittelalterliche Versdichtung, in deren Mittelpunkt ein Fuchs namens Reineke steht. Er wird des Mordes an einem Huhn beschuldigt. Doch Reineke vermag es, sich listig der Strafverfolgung durch das Gericht der Tiere zu entziehen. Meister Lampe wird daraufhin sein nächstes Opfer.

Das Epos erfreute sich wegen der Übertragbarkeit der Charaktere auf das menschliche Leben alsbald großer Popularität. Mehrere Nachdichtungen entstanden, schließlich griff auch Goethe zur Feder. Warum der Hase in „Reineke Fuchs" ausgerechnet Meister Lampe heißt, lässt sich nicht mehr nachvollziehen. Auch die Langform Meister Lamprecht ist in Fabeln gebräuchlich.

Unstrittig ist dagegen die Herkunft der Bezeichnung Lampe in der Jägersprache. Damit ist nicht der Feldhase an sich gemeint, sondern die weiße Unterseite seines Schwanzes. Wenn ein Hase flüchtet, reckt er den Schwanz nach oben und die Lampe leuchtet hell auf. Der vermeintliche Nachteil – also die Erkennbarkeit – soll tatsächlich ein Vorteil sein. Verfolger fokussieren sich auf die Lampe. Da Feldhasen jedoch springen und Haken schlagen, gerät die Lampe immer mal wieder aus dem Blickfeld der Verfolger, die sich daraufhin neu orientieren müssen. Experimente von Biologen haben belegt, dass Meister Lampe dadurch seine Überlebenschance vergrößert.

## POPULÄRER IRRTUM

# Weltbekannter Hase

**Nahezu jeder Besucher der Albertina verharrt andächtig vor Dürers Feldhasen. Das Aquarell ist eines der berühmtesten Bilder der Renaissance. Doch wer meint, in dem Wiener Kunstmuseum vor dem Original zu stehen, täuscht sich gewaltig. Meist wird nur eine Kopie ausgestellt.**

Albrecht Dürers Tierstudie fasziniert die Menschen seit rund 500 Jahren. Mucksmäuschenstill scheint der Feldhase für den Maler zu posieren und dennoch wirkt er quicklebendig. Ist er auf dem Sprung? Wird er gleich davonhoppeln? Schaffen wir es noch, zuvor sein seidig glänzendes Fell zu streicheln?

Generationen von Bewunderern haben sich gefragt, wie Dürer den Hasen in einer derartigen Perfektion hatte zeichnen können. Der Legende zufolge soll der Maler einen geschwächten Hasen bei einem Spaziergang gefunden und mit nach Hause genommen haben. Hier hatte sich das Tier nicht nur erholt, sondern angeblich auch an den Menschen Dürer gewöhnt. Für den Künstler muss dies ein Glücksfall gewesen sein; er konnte das Tier in aller Ruhe studieren. Stimmt diese Geschichte? Wer weiß … Sicher scheint nur eines zu sein: Das Aquarell ist in einem Raum entstanden. Darauf deutet ein Fenster hin, welches sich im linken Auge des Hasen spiegelt. Oder wollte der Künstler mit diesem Detail die Betrachter einfach nur verwirren?

Albrecht Dürer vollendete seinen Feldhasen im Jahre 1502. Sowohl sein Namenskürzel AD als auch die Jahreszahl hat der Nürnberger Maler auf der Vorderseite des Bildes vermerkt. Dieses Ausweisen der Urheberschaft steht geradezu idealtypisch für das erwachende Selbstbewusstsein der Künstler zu Zeiten der Renaissance. All die Jahrhunderte zuvor sind Kunstwerke nur selten namentlich gezeichnet worden; die Zuschreibung zu einzelnen Meistern fällt deshalb oft sehr schwer.

Der Künstler hat seinen Hasen als Aquarell ausgeführt. Dazu grundierte Dürer das Bild mit wasserlöslichen Farben und zeichnete darauf mit feinen Pinselstrichen. Diese Technik bedingt, dass das Bild gegenüber äußeren Einflüssen viel empfindlicher ist als zum Beispiel ein Ölgemälde. Bereits ein länger andauernder Lichteinfall schadet einem solchen Kunstwerk. Die Albertina zieht aus diesen Umständen eine besondere Konsequenz. Sie stellt das Originalbild nur alle fünf bis zehn Jahre für einen kurzen Zeitraum aus. Damit Kunstliebhaber zwischenzeitlich nicht enttäuscht von dannen ziehen, zeigt das Kunstmuseum normalerweise eine originalgetreue Kopie ihres bedeutendsten Bildes.

Der Feldhase ist eines der populärsten Kunstwerke aller Zeiten. Er ziert nicht nur zahlreiche Souvenirs. Auch mehrere Briefmarken zeigen Dürers Aquarell, wie diese aus Panama.

## 10 hasenstarke Sprüche

**Hasen kommen in vielen Redensarten und bildhaften Ausdrücken vor. Nicht immer erschließt sich die Bedeutung sofort. Wir erklären stellvertretend zehn Beispiele.**

### FALSCHER HASE

Hase war lange Zeit ein beliebter Sonntagsbraten. Wer ihn sich nicht leisten konnte, gönnte sich einen preiswerteren Hackbraten. Dafür bürgerte sich der Name Falscher Hase ein.

### EIN ALTER HASE

Feldhasen haben keine große Lebenserwartung. Viele Jungtiere sterben bereits im ersten Jahr; größere Hasen wiederum werden traditionell vom Menschen gejagt. Ein alter Hase hat all diese Widrigkeiten überlebt. Er ist gewieft, er hat Routine. Bezeichnen wir Menschen als alte Hasen, erkennen wir damit an, dass sie erfahren sind auf einem bestimmten Gebiet. Feldhasen werden übrigens bis zu zwölf Jahren alt.

### DA LIEGT DER HASE IM PFEFFER

Dieser Satz betont, dass man etwas Wesentliches erkannt hat. Damit ist oft ein Überraschungsmoment verbunden; man hat die Sachlage eigentlich nicht derart vermutet. Ähnliche Redensarten sind „Das also ist des Pudels Kern" und „Da liegt der Hund begraben". Davon unbenommen, gibt es ein Ragout namens Hasenpfeffer.

### ER/SIE WEISS, WIE DER HASE LÄUFT

Hasen schlagen im vollen Lauf immer wieder Haken, ihre tatsächlichen Wege sind schwer vorhersehbar. Jemand der weiß, wie der Hase läuft, besitzt viel Erfahrung.
Er/Sie weiß, wie sich eine Sache normalerweise entwickelt.

## EIN HEURIGER HASE
Er ist das Gegenstück zum alten Hasen. Er ist jung und unerfahren.

## WO SICH FUCHS UND HASE EINANDER GUTE NACHT SAGEN
Üblicherweise bevorzugen beide Tiere einsame Gegenden als Lebensraum. Die Redewendung steht für einen entlegenen Ort. Doch auch hier dürften sich Fuchs und Hase nicht wirklich grüßen. Schließlich sind sie natürliche Feinde.

## HASENFUSS
Feldhasen verstecken sich angesichts nahender Feinde. Werden sie dennoch entdeckt, ergreifen sie die Flucht. Ein Hasenfuß ist ein ängstlicher und übervorsichtiger Mensch, ein Feigling, eine Memme. Kurzum: Er ist ein Angsthase.

## DAS HASENPANIER ERGREIFEN
Der Ausdruck entstammt der Jägersprache. Er steht stellvertretend für das Ergreifen der Flucht. Hasen richten dabei ihren Schwanz auf. Das erinnert an ein Panier, an ein gehisstes Banner.

## VIELE HUNDE SIND DES HASEN TOD
Werden Hasen nur von einem oder zwei Feinden verfolgt, haben sie gute Chancen zu entkommen. Doch spätestens wenn eine Meute auf sie losgelassen wird, sinken ihre Chancen rapide. Die Redewendung betont, dass man als Einzelkämpfer nur schwer gegen eine Übermacht bestehen kann.

## BETTHÄSCHEN
Das Wort klingt salopp, ist aber respektlos. Betthäschen meint gelegentliche Sexualpartnerinnen. Tatsächlich paaren sich Feldhasen mehrmals im Jahr, ohne dabei einem Partner treu zu sein. Die Männchen nennt man Rammler, was übertragen auf den Menschen ebenfalls abwertend gemeint ist.

# POPULÄRER IRRTUM

## Lieber Bilby als Bunny

**Wie transportiert der Osterhase die Eier? Glauben auch Sie, dass er sie auf dem Rücken in einem Korb trägt? Ja, aber ... In Europa mag das ja stimmen, nicht aber in Australien. Die dortigen Osterhasen verfügen von Natur aus über einen Beutel.**

Eigentlich sagt ihr Name bereits alles. In Australien bringen keine klassischen Hasen die Ostereier. Es sind vielmehr Kaninchennasenbeutler, die diese verantwortungsvolle Aufgabe übernommen haben. Oder, wie es die Einheimischen kurz und bündig sagen: die Bilbys. Verwechslungsgefahr mit echten Hasen besteht nicht. Beide haben zwar aufrecht stehende Löffel und ein weiches, glänzendes Fell. Ansonsten aber unterscheidet sich der australische Osterhase unverkennbar von seinem deutschen Kollegen. Besonders auffällig sind seine spitze Nase sowie sein langer Schwanz.

Bilbys gehören nicht zur biologischen Familie der Hasen. Sie sind Beuteltiere. Als solche sind die Kaninchennasenbeutler verwandt mit Koala und Opossum, mit Känguru und Tasmanischem Teufel. Sie alle vereint, dass sie einen rudimentär entwickelten Nachwuchs gebären. Ihre Jungen wachsen wohlbehütet im Beutel heran.

Wie aber kommt es, dass die Bilbys das Geschäft der Osterhasen übernommen haben? Das liegt in der großen Abneigung der Australier gegenüber Kaninchen begründet. Die possierlichen, aber eigentlich nicht auf dem Kontinent beheimateten Tiere sind dort von Einwanderern ausgesetzt worden. Aus den ersten, wenigen Tieren wurde eine Plage. Die Kaninchen verursachen enorme Schäden in der Landwirtschaft und verdrängen zugleich andere Tiere wie den Bilby. Daraufhin warben in den 1990er-Jahren Umweltschützer für den Bilby als neuen Osterhasen. Ihre Kampagne hatte Erfolg; der Kaninchennasenbeutler ist inzwischen als alternativer Eier-Lieferant anerkannt.

Die Kaninchennasenbeutler werden bis zu einem halben Meter lang (zuzüglich Schwanz). Und sie sind nachtaktiv – das passt hervorragend zu der Vorstellung, dass sie in der Osternacht die Eier verstecken.

**AHA!**

Die Grabeskirche wurde in Jerusalem über jenem Felsengrab errichtet, in dem mutmaßlich Jesus Christus bestattet worden ist. Jährlich kommen bis zu 1,5 Millionen Besucher.

# 8 Tage, die die Welt veränderten

**Das Todesurteil, das Pontius Pilatus über Jesus verhängte, war das folgenreichste aller Zeiten. Das Christentum entstand. Mit derzeit rund 2,3 Milliarden Anhängern ist es die weltweit dominierende Religion. Was geschah damals wirklich? Kann stimmen, was die Bibel erzählt?**

Im Frühling des Jahres 30 bricht eine sagenhafte Reisegruppe in Galiläa (nördliches Israel) auf. Sie wird von Jesus angeführt, seine Jünger begleiten ihn. Ihr Ziel ist Jerusalem, die Hauptstadt der Provinz Judäa. Jesus weiß, dass sich hier sein Schicksal erfüllen wird. Diesem Ziel ordnet er alles andere unter. Der Sohn Gottes geht äußerst planvoll vor, ja, er inszeniert sich sogar ganz bewusst als Messias. Dazu gehört, dass Jesus die zwölf Jünger einweiht. Er prophezeit sowohl seine Festnahme durch jüdische Priester als auch das Todesurteil und die Hinrichtung, schließlich auch die Auferstehung. Wie reagieren die Jünger? „Sie aber verstanden das Wort nicht und fürchteten sich, ihn zu fragen", heißt es im Markus-Evangelium.

Die ersten Jahrzehnte unserer Zeit sind in Judäa gekennzeichnet von heftigen sozialen und politischen Konflikten. Das Land ist seit dem Jahre 6 eine römische Provinz, alle weltliche Gewalt geht von Statthalter Pontius Pilatus aus. Immer wieder flammen Proteste auf. Die Römer reagieren wie Tyrannen: Rebellen müssen am Kreuz sterben. Die geistliche Herrschaft obliegt jüdischen Priestern und Schriftgelehrten. Ihnen steht der von den Römern in sein Amt eingesetzte Hohepriester Kaiphas vor.

Jesu Reise nach Jerusalem fällt in die Tage unmittelbar vor dem Pessachfest (auch als Passa bekannt). Die Juden feiern damit traditionell die Befreiung von der Sklaverei in Ägypten. Die Stimmung ist entsprechend aufgeladen. Die Römer befürchten, dass sich Geschichte wiederholt und sich das Volk der Juden gegen die Unterdrücker stellt.

Die vier Evangelisten Markus, Matthäus, Lukas und Johannes berichten teils sehr detailliert von den Geschehnissen. Augenzeugen waren sie jedoch nicht. Ihre Texte entstanden erst Jahrzehnte später, sie basieren vermutlich allein auf mündlichen Überlieferungen. Ihre Schilderungen wurden und werden immer wieder von Historikern überprüft und eingeordnet. Auch viele andere Wissenschaftler, darunter Archäologen, beteiligen sich an der Rekonstruktion jener acht Tage, die die Welt verändern sollten.

## SONNTAG. TAG 5 VOR DER KREUZIGUNG

Jesus und seine Jünger pilgern von Jericho nach Jerusalem. Sie sind zu Fuß unterwegs. Die Wegstrecke beträgt etwa 25 Kilometer. Kurz vor Erreichen der Stadt, nahe der Dörfer Betfage und Betanien, bittet Jesus seine Begleiter, ihm ein Eselfohlen zu beschaffen. Er möchte in Jerusalem einreiten. Damit erfüllt Jesus eine Vorhersage des Propheten Sacharja. Dieser hatte laut Altem Testament gesagt: „Tochter Jerusalem, jauchze! Siehe, dein König kommt zu dir, ein Gerechter und ein Helfer, arm und reitet auf einem Esel, auf einem Füllen der Eselin." Jesu Kalkül geht auf: Das Volk empfängt ihn wie einen König. Der Evangelist Markus berichtet: „Und viele breiteten ihre Kleider auf den Weg, andere aber grüne Zweige, die sie auf den Feldern abgehauen hatten." Hochrufe auf den Sohn Davids, also auf den wahren König Israels, ertönen. In Jerusalem besucht Jesus den Tempel; er sieht sich genau um an jenem Ort, an dem er am folgenden Tag eine gezielte Provokation starten wird. Danach begibt sich die Gesellschaft zur Nachtruhe in den Vorort Betanien.

Das Leiden und Sterben Christi wurde von vier Evangelisten festgehalten. Die aufgeschlagenen Seiten zeigen den Bericht des Matthäus in einer Bibelausgabe von 1920.

## MONTAG. TAG 4 VOR DER KREUZIGUNG

Jesus jagt Händler und Käufer aus dem Tempel. Er stößt die Stände der Geldwechsler und die der Verkäufer von Opfertieren um. Er wirft den Priestern vor, sie hätten aus dem Bethaus eine Räuberhöhle gemacht. Sie interpretieren sein Handeln folgerichtig als doppelten Angriff auf ihre Macht. Immerhin attackiert Jesus sowohl ihre Autorität als auch die Quellen ihres Reichtums. Hohepriester und Schriftgelehrte, so heißt es bei Markus, „trachteten danach, wie sie ihn umbrächten. Sie fürchteten sich nämlich vor ihm". Der Evangelist Matthäus beschreibt den Tag auch aus anderer Perspektive. Er berichtet, dass Blinde und Lahme zu Jesus in den Tempel gekommen sind. „Und er heilte sie." Kinder kreischen daraufhin im Tempel herum, sie rufen Jesus als neuen König aus. „Hosianna dem Sohn Davids!"

## DIENSTAG. TAG 3 VOR DER KREUZIGUNG

Wieder weilt Jesus im Tempel. Hohepriester und Älteste stellen ihn zur Rede. „Wer hat dir diese Macht gegeben, dass du das tust?" Jesus antwortet mit einer Gegenfrage, die die Priester unbeantwortet lassen. Deshalb, so sagt er, werde auch er nicht antworten. Zugleich kündigte er an: „Das Reich Gottes wird von euch genommen und einem Volk gegeben werden, das seine Früchte bringt. (...) Und als die Hohepriester und die Pharisäer seine Gleichnisse hörten, erkannten sie, dass er von ihnen redete. Und sie trachteten danach, ihn zu ergreifen; aber sie fürchteten sich vor dem Volk, denn es hielt ihn für einen Propheten."

## MITTWOCH. TAG 2 VOR DER KREUZIGUNG

Hohepriester und Schriftgelehrte beratschlagen sich, wie sie Jesus ergreifen und töten können. Einigkeit besteht auch im Zeitpunkt: Sie wollen ihren Plan keinesfalls während des Pessachfestes umsetzen. Angesichts der Massen, die dann in der Stadt weilen, wäre die Gefahr eines Aufruhrs zu groß. Judas, einer der Jünger, bietet sich als Verräter an. Die Priester versprechen ihm Geld.

## DONNERSTAG. TAG 1 VOR DER KREUZIGUNG

Der Tag des letzten Abendmahls. Jesus und seine Jünger kommen zusammen, um am Vorabend von Pessach gemäß der jüdischen Tradition ein Lamm zu verzehren. Die eigentliche Hauptspeise ist eine andere. Jesus reicht den Jüngern ungesäuertes Brot: „Das ist mein Leib, der für euch gegeben wird." Dazu gibt es Wein – als „Blut, das für euch vergossen wird". Haben die Jünger gefragt, was Jesus damit meinte? In den Evangelien findet sich keinerlei Hinweis darauf. Davon unbenommen, nehmen die Ereignisse alsbald einen dramatischen Verlauf. Jesus weiß, was geschehen wird, denn „die Hand meines Verräters ist mit mir am Tisch". Nachdem sich die Jünger mit Jesus in den Garten Gethsemane zurückgezogen haben, stürmen Soldaten herbei. Petrus wehrt sich. Er entreißt einem der Angreifer das Schwert und schlägt ihm ein Ohr ab. Doch Jesus unterbindet jegliche weitere Gewalt. Er lässt es zu, dass ihn die Knechte verhaften und vor den Hohepriester schleppen.

## FREITAG. TODESTAG JESU

Während der Nacht wird Jesus verhört. Hohepriester und Schriftgelehrte möchten ihn hinrichten lassen, doch sie sind nicht befugt, ein Todesurteil zu fällen. So bringen sie Jesus in der Frühe zu Pontius Pilatus. Der Statthalter verhört ihn, er stellt ihm die alles entscheidende Frage: „Bist du der König der Juden?" Jesus stimmt zu: „Du sagst es: Ich bin ein König."

Historiker gehen davon aus, dass Pontius Pilatus diese Antwort als unglaubliche Anmaßung verstanden haben muss, als politische Kampfansage an die römische Staatsgewalt. Deshalb habe er mit aller Härte reagiert und die sofortige Kreuzigung angeordnet. In der biblischen Überlieferung liest sich dieser entscheidende Moment jedoch völlig anders. Pontius Pilatus habe nicht beabsichtigt, Jesus zu töten. Da an diesem Tag mehrere Männer gekreuzigt werden sollten, habe der Römer vielmehr das Volk vor die Wahl gestellt. Es könne einen dieser Männer retten. Das Volk entscheidet sich – jedoch nicht für Jesus, sondern für Barabbas, für einen Raubmörder ...

Pontius Pilatus führt den gegeißelten Jesus kurz vor dessen Hinrichtung dem Volk vor. Hieronymus Bosch malte „Ecce Homo" um 1490.

Warum wäscht Pontius Pilatus in den Berichten der Evangelisten seine Hände derart in Unschuld? Theologen vermuten, dass es dafür ganz pragmatische Gründe gegeben hat. Die Aufzeichnungen entstanden in einer Zeit, in der sich das Christentum auch im Römischen Reich immer mehr ausbreitete. Gut möglich, dass es den Evangelisten deshalb darauf ankam, eine Traditionslinie bis hin zu Pontius Pilatus zu ziehen. Auch er war demnach von der Unschuld Jesu überzeugt. An ihm konnten sich die Römer ein Beispiel nehmen: Es bestand kein Grund, Christen zu kriminalisieren und zu verfolgen.

Tatsächlich hatte der Statthalter den verurteilten Jesus sowie zwei weitere Todeskandidaten sogleich nach Golgatha abführen lassen, zur Richtstätte. Die Soldaten reißen Jesus die Kleider vom Leib und nageln ihn ans Kreuz. Eine Krone hatten sie ihm bereits zuvor aufgesetzt, den Dornenkranz. Auch ein Schild befestigen sie auf Geheiß des Statthalters an seinem Kreuz. Darauf steht „geschrieben, welche Schuld man ihm gab, nämlich: Der König der Juden". Dieser Tatvorwurf ist auf vielen Kreuzigungsdarstellungen noch immer zu lesen – als Inschrift „I.N.R.I.". Diese Buchstaben kürzen das lateinische „Iesus Nazarenus Rex Iudaeorum" ab: Jesus von Nazareth, König der Juden. Während gekreuzigte Menschen mitunter ganze Tage leiden, stirbt Jesus binnen weniger Stunden. Weil sich ein Soldat vergewissern möchte, ob nicht doch noch Leben in ihm steckt, rammt er ihm seine Lanze in den Leib.

Am Abend erlaubt Pontius Pilatus einem jüdischen Ratsherrn, Jesu Leichnam zu bestatten. „Und er kaufte ein Leinentuch und nahm ihn ab vom Kreuz und wickelte ihn in das Tuch und legte ihn in ein Grab, das war in einen Felsen gehauen, und wälzte einen Stein vor des Grabes Tür."

## SONNABEND. TAG 1 VOR DER AUFERSTEHUNG

Für die Juden ist dieser Tag der letzte der Woche. Es herrscht Sabbat. Es geziemt sich nicht, Arbeiten zu verrichten. Auch die Jünger sowie Jesu Gefährtin Maria Magdalena halten sich an das uralte Glaubensgesetz. Derweil ziehen Hohepriester und Schriftgelehrte vor Pontius Pilatus. Sie erzählen ihm davon, dass Jesus seine Auferstehung für den dritten Tag angekündigt hat. „Darum befiehl, dass man das Grab bewache bis zum dritten Tag, damit nicht seine Jünger kommen und ihn stehlen und zum Volk sagen: Er ist auferstanden von den Toten, und der letzte Betrug ärger wird als der erste." So geschieht es: Pilatus entsendet eine Wache; die Soldaten versiegeln sogar das Grab.

Felsengräber hatte es zu dieser Zeit viele gegeben. Zumindest vermögende Juden konnten sie sich leisten. Die Grabkammern wurden in Felsen gehauen und mit Steinen verschlossen. Den Evangelisten zufolge war ein solches Grab gerade erst fertiggestellt worden; noch hatte kein Leichnam darin gelegen. So wurde es zu Jesu Grabstätte.

Im 4. Jahrhundert entstand über der mutmaßlichen Begräbnisstätte die Grabeskirche. Sie gilt bis heute als eines der wichtigsten Heiligtümer des Christentums. Als die Grabeskirche in den Jahren 2016/17 restauriert wurde, legten Archäologen ein durch Marmorplatten und andere Gesteine überdecktes Grab frei. Einen wissenschaftlichen Beweis dafür, dass dieses Einzelgrab das von Jesus war, konnten sie nicht erbringen. Gleichwohl entdeckten sie im Grab eine steinerne Bank. Von einer solchen Steinplatte ist in den Evangelien die Rede. Jesu Leichnam soll auf sie gebettet worden sein.

## SONNTAG. TAG DER AUFERSTEHUNG

Der Sabbat ist vorbei, nun endlich kann der Leichnam gesalbt werden. Maria Magdalena läuft mit weiteren Frauen zum Felsengrab, sie haben wohlriechende Öle dabei. Die nächsten Momente werden von den Evangelisten verschieden erzählt. Laut Matthäus ereignet sich ein Erdbeben. Vom Himmel fährt ein Engel hernieder; er wälzt den Stein des Grabes weg und spricht zu den Frauen. Markus, Johannes und Lukas berichten hingegen, dass das Grab offen stand, als die Frauen ankamen. Auch den Fortgang der Geschichte stellen die Berichte abweichend voneinander dar. Eindeutigkeit besteht nur dahingehend, dass das Grab leer ist. Lediglich Jesu Leichentuch ist noch vorhanden. Die Frauen, so weiß Markus zu erzählen, „gingen hinaus und flohen von dem Grab; denn Zittern und Entsetzen hatte sie ergriffen. Und sie sagten niemand etwas; denn sie fürchteten sich". Bei Matthäus heißt es dagegen: „Und sie gingen eilends weg vom Grab mit Furcht und großer Freude und liefen, um es seinen Jüngern zu verkündigen."

Maria Magdalena kommt eine Schlüsselrolle zu. Ihr erscheint der auferstandene Jesus. Er gibt ihr laut Johannes einen unmissverständlichen Auftrag: „Geh aber hin zu meinen Brüdern und sage ihnen: Ich fahre auf zu meinem Vater und eurem Vater, zu meinem Gott und eurem Gott."

## POPULÄRER IRRTUM

## Wann starb Jesus?

**Die Antwort auf diese Frage ist ebenso einfach wie kompliziert. Nach christlichem Verständnis geschah dies am Karfreitag. Ja, aber ... Ostern ist ein bewegliches Fest, der Gedenktag fällt auf stets wechselnde Daten. Wissen wir es wirklich nicht genauer?**

Mysterien gedeihen am besten auf dem Nährboden einer lückenhaften Dokumentation. Das zeigt sich insbesondere an den Lebensdaten Jesu Christi. So nennt das Neue Testament kein konkretes Geburtsdatum. Weder Tag noch Monat und auch kein Jahr werden bezeichnet. Zumindest beim Sterbedatum sind die Überlieferungen etwas konkreter. Jesus wurde am Vortag eines Sabbats während des jüdischen Pessachfestes gekreuzigt. Also kommt dafür ein Freitag im März oder April infrage. Auch das mögliche Jahr lässt sich eingrenzen, da sich diese Ereignisse während der Amtszeit von Pontius Pilatus zugetragen haben. Er war während der Jahre 26 bis 36 römischer Statthalter in Judäa.

Immerhin nennen die Evangelisten Lukas, Markus und Matthäus, die das Leiden und Sterben Jesu beschrieben haben, die Todesstunde. Wörtlich heißt es bei Matthäus: „Von der sechsten Stunde an kam eine Finsternis über das ganze Land bis zur neunten Stunde. Und um die neunte Stunde schrie Jesus laut: Eli, Eli, lama asabtani? Das heißt: Mein Gott, mein Gott, warum hast du mich verlassen? (...) Jesus schrie abermals laut und verschied." Die neunte Stunde entspricht nach heutigem Verständnis 15 Uhr.

Das Festhalten des Datums war den Evangelisten offenbar nicht wichtig. So orientierte sich die frühe Christenheit zunächst an den variablen Datierungen des jüdischen Pessach. Doch schon im zweiten Jahrhundert brach Streit über das konkrete Osterdatum aus. Im Kern ging es darum, ob man Ostern an einem festen Tag feiern sollte – oder aber in Abhängigkeit vom Mondkalender. Erst im Jahre 325 legte sich das Konzil von Nicaea (heutiges İznik, Türkei) fest. Jesu Auferstehung sollte fortan am Sonntag nach dem ersten Frühlingsvollmond gefeiert werden. Damit ergibt sich allerdings eine sehr weite Zeitspanne. Der Karfreitag wandert zwischen dem 20. März und dem 23. April.

Doch an welchem konkreten Tag ist Jesus denn nun gestorben? Um diese Frage zu beantworten, stellten frühchristliche Theologen allerlei Berechnungen an. Eine dieser Theorien ging von der göttlichen Fügung aus, dass Jesus am gleichen Tag gestorben sei, an dem Maria ihn empfangen hatte. Dies sei ein 25. März gewesen. Noch immer feiern Christen an diesem Tag die Verkündigung des Herrn. In Gottes Namen hatte der Engel Gabriel zu Maria gesprochen: „Siehe, du wirst schwanger werden und einen Sohn gebären, dem sollst du den Namen Jesus geben."

Bibelwissenschaftler erachten den 7. April des Jahres 30 als wahrscheinlichen Sterbetag. Alternativ ist vom 3. April 33 die Rede.

Der Tod Jesu Christi. Das Relief an der Erfurter Andreaskirche entstand um das Jahr 1370.

# Tod am Marterpfahl

**Das Kreuzigen war eine der niederträchtigsten Hinrichtungsmethoden aller Zeiten. Die Opfer mussten stunden- oder auch tagelange Qualen ertragen. Ein solcher Tod sollte nicht nur Strafe sein, sondern zugleich der Abschreckung dienen.**

„Wenn jemand ein Verbrechen begangen hat, auf das die Todesstrafe steht, wenn er hingerichtet wird und du den Toten an einen Pfahl hängst, dann soll die Leiche nicht über Nacht am Pfahl hängen bleiben, sondern du sollst ihn noch am gleichen Tag begraben; denn ein Gehenkter ist ein von Gott Verfluchter." Das 5. Buch Mose gibt eine sehr klare Anweisung, wie mit Gekreuzigten umzugehen ist. Tatsächlich hatte es diese Todesstrafe auch im Judentum gegeben. So soll König Alexander Jannäus seine Gegner zu Hunderten derart massakriert haben. Dennoch waren es vor allem die Römer, die solche Hinrichtungen vollstreckt haben. Allein nach der Niederschlagung des Aufstands des Spartacus wurden 6.000 Sklaven entlang der Via Appia ans Kreuz genagelt. Mit anderen Worten: Je Kilometer der antiken Straße stellte man 30 Hingerichtete zur Schau. Sie blieben hängen, bis ihre Körper vom Kreuz fielen.

Das Kreuzigen zielte nicht darauf ab, den Opfern einen schnellen Tod zu bereiten. Vielmehr sollten sie unsägliche Qualen erleiden. Bereits vor dem eigentlichen Kreuzigen wurden die Verurteilten ausgepeitscht. Allerdings achtete man darauf, dass sie dabei keinen großen Blutverlust erlitten; das hätte einen schnelleren Tod am Kreuz bedeutet. Schließlich wurden die Arme und Beine der Opfer an Pfahl und Querbalken gebunden oder genagelt. Derart fixiert, riss sie ihr Eigengewicht nach unten.

Während Jesus auf Kruzifixen und Bildern stets mit einem Lendenschurz zu sehen ist, dürfte er nackt am Kreuz gehangen haben. Diese Demütigung gehört zu der Hinrichtungsmethode dazu.

Maria Magdalena umklammert das Kreuz und bricht in Tränen aus. Lucas Cranach der Ältere malte die „Kreuzigung Christi" vermutlich um 1510.

# Das Turiner Grabtuch

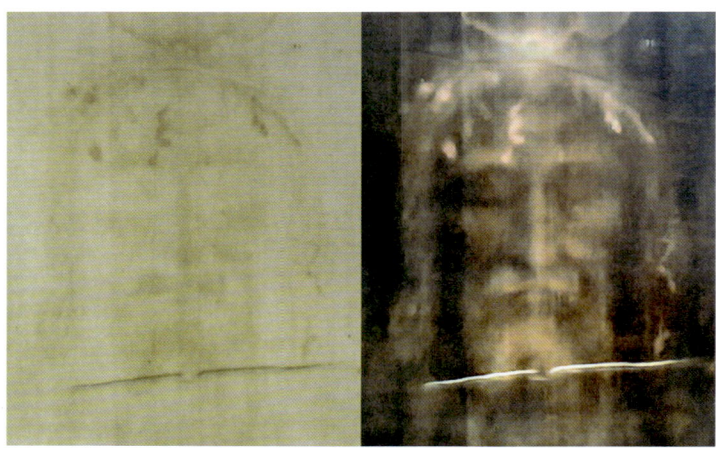

Fotografien des Grabtuchs zeigen das Gesicht im Negativ (rechts) deutlicher als im Positiv.

**Eigens zur Aufbewahrung einer Reliquie wurde im 17. Jahrhundert in Turin eine Kapelle errichtet. Die hier aufbewahrte Textilie gilt als ultimatives Beweisstück für die biblische Ostergeschichte. In das Linnen soll Jesus vor der Auferstehung eingehüllt worden sein. Doch es gibt Zweifel ...**

Das Grabtuch ist 4,36 Meter lang sowie 1,10 Meter breit. Auf ihm zeichnen sich deutlich das Gesicht eines Mannes sowie sein Körper ab. An den Händen und Füßen sind Wundmale zu sehen, auch im Brustbereich gibt es einen Blutfleck. Kleine Punkte am Kopf befeuern die Vorstellung, dieser Mann habe in der Todesstunde eine Dornenkrone getragen. Sehen wir hier Jesus Christus nach seiner Kreuzigung? Bereits seit Jahrhunderten tobt darüber heftiger Streit. Als gesicherte Erkenntnis gilt wirklich nur eines: Ebendiese Textilie wird seit Mitte des 14. Jahrhunderts als Grabtuch Christi verehrt. Ihr erster nachweislicher Besitzer war ein Kreuzritter aus Frankreich. Doch die alles entscheidenden Fragen sind und bleiben: Ist das Tuch rund 2000 Jahre alt, stammt es also aus der Zeit Christi? Oder wurde es erst zu Zeiten der Kreuzzüge produziert, um es einem Ritter teuer verkaufen zu können?

Unstrittig ist, dass Jesu in ein Grabtuch eingehüllt war. Eine solche Fürsorge war zeittypisch, zudem berichten davon im Falle Jesu ausdrücklich auch die Evangelisten. Sie erzählen übereinstimmend, dass nach der Auferstehung das Leinentuch im Grab zurückgeblieben sei. Was wurde daraus? Ließ man es liegen? Dafür spricht, dass ein Grabtuch, welches mit einem Toten in Berührung gekommen ist, als unrein gilt. Ein solches Objekt zu verehren war und ist für Juden unvorstellbar. Allerdings lässt sich mit diesem Argument auch die Echtheit des Turiner Grabtuchs begründen. Sofern einer der Jünger das Grabtuch an sich genommen haben sollte, blieb ihm angesichts dessen Unreinheit nichts anderes übrig, als es geheim zu halten. So wurde es von Generation zu Generation im Stillen weitergegeben …

Wissenschaftliche Untersuchungen widersprechen einer solchen Mutmaßung. So haben drei unabhängig voneinander arbeitende Institute das Alter des Grabtuchs mithilfe der Radiokarbonmethode bestimmt. Dieses Verfahren gilt als ausreichend zuverlässig; sein Entwickler hat dafür den Nobelpreis für Chemie erhalten. Die Institute datierten die Entstehung des Turiner Tuchs ins 13. bzw. 14. Jahrhundert. Das wiederum passt zum Kreuzzug von 1345, an dem der französische Ritter teilgenommen hatte. Darüber hinaus haben Forensiker das Muster der blutenden Wunden untersucht. Ihr Fazit: Bei einem liegenden Leichnam hinterlassen eventuelle Ausblutungen andere Muster.

Wie aber konnte sich Jesu Gesicht auf dem Grabtuch abzeichnen? Eine mögliche Erklärung liefert die Geschichte vom Schweißtuch der Veronika, welches im Petersdom im Vatikan aufbewahrt wird. Selbiger Frau soll Jesus auf dem Kreuzweg begegnet sein. Sie reichte ihm ein Tuch, mit dem er sich Blut und Schweiß abgewischt hat. Wie durch ein Wunder übertrug sich sein Gesicht auf das Tuch.

# Longinus und die Lanze

**Ausgerechnet jener römische Soldat, der Jesus am Karfreitag seinen Speer in die Seite gerammt hatte, wurde zu einem der Heiligen der Christenheit. Wie kann das sein?**

Seit mehr als 200 Jahren bewahrt die Hofburg in Wien den Kronschatz der römisch-deutschen Kaiser auf. Krone und Zepter gehören ebenso dazu wie Reichsapfel und Reichsschwert. Während all diese Stücke die weltliche Macht demonstrieren, kündet ein anderer Teil des Schatzes von himmlischem Beistand. Er trägt die Inventarnummer „WS XIII 19". Hinter diesem Kürzel verbirgt sich die legendärste Waffe der Christenheit, die Heilige Lanze. Wer mit ihr in die Schlacht zog, so glaubten Könige und Kaiser, stand unter dem besonderen Schutz Gottes. Er war unbesiegbar. Dafür sollte allein schon der Umstand sorgen, dass Teile der Lanze aus einem Nagel geschmiedet wurden, mit dem man Jesus ans Kreuz geschlagen hatte.

Heutige Kunstwissenschaftler sprechen von einem frommen Wunschdenken. Sie wissen: Diese Lanze stammt aus dem 8. Jahrhundert. Sie ist karolingischen Ursprungs. Das Herrschaftsgebiet der Karolinger erstreckte sich über Frankreich sowie weite Teile von Deutschland und Italien. Spätestens seit der Mitte des 10. Jahrhunderts verbreitete sich der Mythos von der Wunderwaffe. Zunächst wähnte man, der heilige Mauritius sei der erste Träger der Lanze gewesen. Er war Anführer einer römischen Legion, der ausschließlich Christen angehört hatten. Um das Jahr 300 weigerte sich seine Truppe, gegen andere Christen zu Felde zu ziehen. Daraufhin ließ der römische Kaiser die 6.000 Soldaten hinrichten. Mauritius wurde zum Märtyrer.

Im 13. Jahrhundert setzte das große Umdeuten ein. Nunmehr wurde die Heilige Lanze einem römischen Hauptmann namens Cassius zugeschrieben. Er war es, der Jesus mit seiner Lanze in die Seite gestochen hatte, um sich von dessen Tod zu vergewissern. Während die biblische Überlieferung diese Brutalität nur anonym und beiläufig erwähnt, wird sie in dem im 4. Jahrhundert entstandenen Nikodemus-Evangelium zu einem guten Ende geführt. Demnach ist ein Blutstropfen Jesu in Cassius' Auge gespritzt. Der Soldat, der ein Augenleiden hatte, wurde augenblicklich geheilt. Gott hatte ihm sozusagen die Augen geöffnet.

Cassius ließ sich alsbald taufen, er nahm den Namen Longinus an und führte andere Menschen zum Christentum. Dieses Wirken blieb einem römischen Statthalter nicht verborgen. Er ließ Longinus die Zunge herausschneiden und ihn mit dem Schwert hinrichten. So wurde aus dem Soldaten, der Jesu Leichnam geschändet hatte, ein Märtyrer und Heiliger.

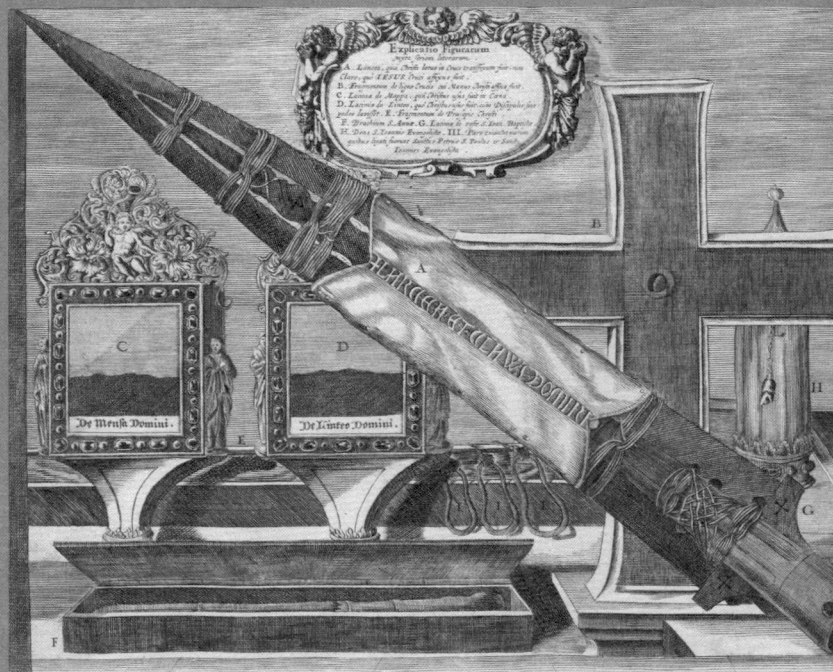

Die Spitze der Heiligen Lanze auf einer Zeichnung.
Das Original ist in der Wiener Hofburg ausgestellt.

Statue des Apostels Petrus vor dem nach ihm benannten Dom in Rom

# Was wurde aus ...?

**Die Ostergeschichte kennt viele Protagonisten. Während das Schicksal Jesu gemeinhin bekannt ist, verlieren sich bei Jüngern wie Gegnern die weiteren Lebenswege weitgehend im Dunkeln.**

## APOSTEL PETRUS

Zunächst hatte er nach Jesu Verhaftung seine Anhängerschaft verleugnet, doch alsbald wurde er zum Sprecher der christlichen Urgemeinde. Der Apostel betätigte sich nach Jesu Kreuzigung als Missionar in Judäa und Antiochia (antike Stadt in Syrien). Nach Petrus ist eine der bedeutendsten Kirchen der Christenheit benannt, der Petersdom. Bereits sein Vorgängerbau war im vierten Jahrhundert über dem vermuteten Grab Petri errichtet worden. Im 20. Jahrhundert bestätigten archäologische Untersuchungen die tatsächliche Existenz von Gräbern im Baugrund. Sie sollen aus dem 1. und 2. Jahrhundert stammen. Der römisch-katholischen Kirche gilt Petrus als erster Bischof Roms; die Päpste selbst sehen sich als legitime Nachfolger Petri. Wann und wie Petrus nach Rom gelangte, ist nicht näher bekannt. Vermutlich wurde er hier im Zuge der Christenverfolgung Kaiser Neros im Jahre 64 hingerichtet.

## APOSTEL JUDAS

Er hat laut dem Matthäus-Evangelium seinen Verrat bereut. Kaum war Jesus dem römischen Statthalter ausgeliefert worden, „warf er die Silberlinge in den Tempel, ging davon und erhängte sich". Mit dem Geld sollen die Priester das Gelände für einen neuen Friedhof bezahlt haben, der Blutacker genannt wurde. Das Ende des Judas liest sich in der Apostelgeschichte jedoch gänzlich anders. Sie zitiert Petrus: „Mit dem Lohn für seine Untat kaufte er sich ein Grundstück. Dann aber stürzte er vornüber zu Boden, sein Leib barst auseinander und alle seine Eingeweide quollen hervor." Daraufhin sollen die Einwohner Jerusalems von diesem Grundstück als Blutacker gesprochen haben.

## STATTHALTER PONTIUS PILATUS

Der Präfekt von Judäa blieb bis zum Jahre 36 im Amt. Er soll mit harter Hand regiert haben. Als er ein Massaker an der religiösen Gruppe der Samaritaner zu verantworten hatte, wurde Pontius Pilatus vom römischen Kaiser abgelöst. Über die weiteren Lebenswege gibt es voneinander stark abweichende Legenden. Sie berichten von Verbannung und Freitod, aber auch von Hinrichtung oder Ermordung. Die koptische Kirche verehrt Pontius Pilatus als Heiligen, da er angeblich selbst zum Christen geworden ist und als Märtyrer starb. Pilatus' Rolle wird kontrovers diskutiert. Die einen sehen in ihm den Verantwortlichen für Christi Tod, während andere ihn als Erfüllungsgehilfen des göttlichen Willens verstehen.

## HOHEPRIESTER KAIPHAS

Er war im Jahre 18 durch einen römischen Statthalter als Hohepriester des Jerusalemer Tempels eingesetzt worden. Als Pilatus anno 36 abberufen wurde, verlor auch Kaiphas sein Amt. Vermutlich war er zu sehr mit dem Statthalter verflochten. Kaiphas entstammte einem Geschlecht von Priestern, nach ihm wurden weitere Familienmitglieder zu Hohepriestern ernannt. Archäologen haben 1990 die mutmaßliche Familiengruft in Jerusalem ausgegraben. Außerdem gelangte die israelische Altertumsbehörde 2011 in den Besitz eines Gebeinkastens, den Grabräuber entdeckt hatten. Laut Inschrift gehört er zu einer Enkelin des Kaiphas.

## MARIA MAGDALENA

Die weiteren Lebenswege der Gefährtin Jesu sind lediglich in Form einer Legende überliefert. Demnach haben Juden sowohl Maria Magdalena als auch weitere Christen in einem Boot ausgesetzt. Es trieb über nahezu das gesamte Mittelmeer und erreichte die Küste der Provence. Maria Magdalena lebte fortan als Einsiedlerin. Ihr Begleiter Maximus wurde zum Bischof der dortigen römischen Provinz. Beider angebliche Gebeine befinden sich in der Basilika Sainte-Madeleine im südfranzösischen Sainte-Maximin-la-Sainte-Baume.

# Himmel und Hölle

**Was geschah eigentlich am Ostersamstag, am Tag nach Jesu Kreuzigung? Die Berichte der vier Evangelisten über das Leiden und Sterben Christi schweigen sich darüber weitgehend aus. Es ist der Tag des Sabbats, das öffentliche Leben ruht. Doch ruht auch der Leichnam Jesu in seinem Grab?**

Seit dem 2. Jahrhundert finden sich in der christlichen Literatur vermehrt Hinweise auf alles andere als einen ruhigen Tag. Jesus hat demnach nicht im Grab gelegen. Er sei vielmehr in die Unterwelt hinabgestiegen. Selbst vielen Christen gilt eine solche Darstellung als befremdlich. Dabei war Jesu Mission klar umrissen. Er, der nunmehr zumindest zeitweilig ein Gestorbener war, hatte ins Reich der Toten zu steigen und hier die Seelen aller Verstorbenen seit Adam und Eva zu befreien. Dementsprechend waren es auch die Seelen der beiden ersten Menschen, die er zuerst in den Himmel führte.

Während es im Ersten Brief des Petrus lediglich heißt, Jesus „hat gepredigt den Geistern im Gefängnis, die einst ungehorsam waren", wurde die Höllenfahrt in späteren Texten ausgeschmückt. So ist im Nikodemus-Evangelium des 4. Jahrhunderts davon die Rede, dass Jesus als König der Herrlichkeit in den Hades gelangt sei. Hier habe er Satan in Ketten gelegt und die Gerechten befreit. Die Gerechten, das sind all jene, die im Glauben an Gott gestorben sind, aber Christus noch nicht kennen konnten. Sein Tod erlöst also auch die längst verstorbenen Generationen. Er eröffnet ihnen den Weg in den Himmel. Der Katholische Erwachsenenkatechismus spricht davon, „dass der Tod Jesu den Tod des Todes bewirkt und den österlichen Sieg des Lebens begründet hat".

Der Abstieg Jesu in die Hölle wurde für die orthodoxe Kirche zu einer zentralen Heilsbotschaft.

# 10 vorlaute Fragen

**Die biblische Ostergeschichte ist sowohl innerhalb als auch außerhalb der Kirche umstritten. Dabei geht es bei Weitem nicht nur um Fragen des Glaubens an die Auferstehung. Zumindest ist sie mit den Mitteln der Vernunft nicht zu fassen. Oder etwa doch? Werfen wir einfach mal zehn Probleme auf …**

**1.** Jesus von Nazareth musste auf eine äußerst **schmachvolle Weise** sterben. Fußt das Christentum somit auf einem unglaublichen Akt der Gewalt?

**2.** Starb Jesus für die **Versöhnung** Gottes mit den Menschen – oder für die Versöhnung der Menschen mit Gott?

**3.** Wieso sprechen Theologen vom Kreuztod als einem **Zeichen der Liebe** Gottes?

**4.** Jesus war der Mensch gewordene Sohn Gottes. Dann **ist es letztlich Gott selbst, der gekreuzigt wurde?**

**5.** Warum musste Gott überhaupt erst **Mensch werden?**

**6.** Sah Gott wirklich **keine andere Möglichkeit,** als seinen Sohn zu opfern?

**7.** Menschen haben Jesus getötet, damit Gott ihn auferstehen lassen konnte. Waren diese Menschen also **Erfüllungsgehilfen** des göttlichen Willens?

**8.** Jesus war über **Adam und Eva** mit allen Menschen verwandt. Starb er auch für alle Menschen oder allein für die Christen unter ihnen?

**9.** Der Evangelist Matthäus berichtet, dass Hohepriester und Schriftgelehrte das Grab Jesu bewachen ließen. Sie hatten befürchtet, dass **der Leichnam gestohlen** und eine Auferstehung inszeniert wird. Mal ehrlich: So war es doch, oder?

**10.** Wie kann ein **leeres Grab** als Beweis für eine Auferstehung gelten?

# Gibt es Nachfahren Jesu?

**Spätestens seitdem Dan Browns Roman „Sakrileg" mit Tom Hanks und Audrey Tautou verfilmt worden ist, fragen sich Millionen Menschen: War Jesus mit Maria Magdalena liiert? Trug sie beider Kind unterm Herzen, als er gekreuzigt wurde?**

Der 2006 erstmals gezeigte Film erzählt die Geschichte eines geheimen Ordens. Dessen Mitglieder haben es sich seit Jahrhunderten zur Aufgabe gemacht, für die Unversehrtheit der Nachkommen von Jesus und Maria Magdalena zu sorgen. Von all dem weiß die jüngste Nachfahrin natürlich nichts …

Kann dies möglich sein? Gibt es Kindeskinder Jesu? Sechs Jahre nach der Kinopremiere tauchte zumindest ein Beweisstück dafür auf, dass Christus nicht im Zölibat lebte. Wissenschaftler gelangten in den Besitz des Überrestes eines uralten Papyrus. Der Zettel war zwar nur klein wie eine Kreditkarte, dennoch sorgte er für größte Aufmerksamkeit. Immerhin überlieferte das Fragment, dass Jesus die Worte „meine Frau" benutzte. Sprach er selbst derart offen von einer Liebesbeziehung? Ja, aber … Das vermeintliche „Evangelium der Frau Jesu" entpuppte sich als Fälschung.

Besaß Jesus also doch keine Gespielin? Sofern es eine Frau an seiner Seite gab, kann es sich nach allgemeiner Auffassung nur um Maria Magdalena gehandelt haben. Sie hatte ihn und die Jünger unmittelbar begleitet. Zudem war sie der erste Mensch, dem Jesus nach der Auferstehung erschienen ist. Weiteren Aufschluss könnte das Philippus-Evangelium geben. Die Handschrift gehört zwar nicht zum Kanon der Bibel, stammt aber aus der Zeit des frühen Christentums. In ihr heißt es in koptischer Sprache: „Der [Heiland liebte] Maria Magdalena mehr als [alle] Jünger, und er küsste sie [oft]mals auf ihren [Mund]." Bei den Wörtern in Klammern handelt es sich um Fehlstellen in dem brüchigen Dokument; sie wurden vom Übersetzer nachträglich ergänzt. Allerdings hätte er statt Mund auch Stirn einfügen können, oder Hals …

Was waren das überhaupt für Küsse? Erfolgten sie voller Leidenschaft? Bibelwissenschaftler verneinen. So interpretiert Prof. Silke Petersen (Universität Hamburg) den Kuss als Symbol für die Weitergabe spiritueller Erfahrungen. Dazu passt, dass Maria Magdalena in frühen Schriften als bedeutende Auslegerin des Glaubens dargestellt worden ist. Ihre formale Gleichstellung mit den Aposteln erfolgte aber erst 2016 – auf Initiative von Papst Franziskus.

Letztlich lässt sich all das Wissen über Maria Magdalena auf eine viel zitierte Floskel bringen: Nichts Genaues weiß man nicht. Vor diesem Hintergrund konnte Dan Brown in seinem Roman seiner Fantasie freien Lauf lassen. Indes machte er schon bald eine allzu irdische Erfahrung. Zwei andere Autoren bezichtigten ihn des Plagiats. In der Tat hatte er deren Sachbuch als Quelle benutzt. Dennoch entschieden die Richter zugunsten von Dan Brown.

Bleibt die alles entscheidende Frage: Was wäre, wenn es leibliche Nachfahren gibt? Die Antwort ist ernüchternd: Nicht einmal mithilfe eines DNA-Tests ließe sich eine solche Verwandtschaft nachweisen. Schließlich bedarf es für einen Vergleich des Erbguts auch der Gene von Jesus und seiner Frau. Doch beider Gebeine sind verschollen. Damit ist es schier unmöglich, ihr Erbgut zu bestimmen.

# Nicht auf den Mund gefallen

**Die Bibel steckt voller Redensarten und Sprachbilder. Dies gilt dank Martin Luthers Übersetzung insbesondere auch für die Ostergeschichte. Sieben Beispiele:**

Judas küsst Jesus und verrät ihn damit. Altarschnitzerei aus der Matthäuskirche in Štitar (Kroatien).

## MIT SEINEN PFUNDEN WUCHERN

Während seiner Reise nach Jerusalem erzählt Jesus das Gleichnis von den Pfunden, mit denen man zu wuchern versteht – oder auch nicht. Es handelt von einem edlen Herrn, der in ein fernes Land ziehen wollte, „um ein Königtum zu erlangen und dann zurückzukommen. Der ließ seine Knechte rufen und gab ihnen zehn Pfund und sprach zu ihnen: Handelt damit, bis ich wiederkomme!" Als der Herr heimkehrte, zeigte sich, dass einer der Knechte das erhaltene Geld verzehnfacht hatte, ein zweiter konnte das Fünffache erwirtschaften. Ein Dritter aber hatte das Pfund einfach nur beiseitegelegt und keinen Gewinn erzielt. Da belohnte der Herr die ersten beiden und verstieß den dritten.
Im griechischen Urtext ist nicht von Pfunden die Rede, sondern von Talenten. Das Talent steht sowohl für eine alte Maßeinheit der Masse als auch für eine Währungsbezeichnung. Wenn wir heutzutage sagen, dass jemand mit seinen Pfunden wuchert, meinen wir damit meist nicht sein Geld, sondern sein Talent, also seine Begabung.

## VON PONTIUS ZU PILATUS LAUFEN

Eigentlich sollte es unmöglich sein, von Pontius bis Pilatus zu laufen. Pontius Pilatus ist ein und dieselbe Person. Dennoch muss Jesus genau diesen Weg auf sich nehmen. Nach seiner Festnahme hatten ihn Hohepriester und Schriftgelehrte zunächst zum römischen Statthalter gebracht. Pontius Pilatus entschied, dass der Provinzfürst Herodes über Jesus urteilen möge. Herodes hatte allerdings nur Spott für den ihm vorgeführten Jesus übrig; er ließ ihn alsbald wieder zurück zu Pontius Pilatus bringen …
Wer von Pontius zu Pilatus laufen muss, nimmt einen unnützen Weg auf sich. Die Redewendung wird mittlerweile vor allem zur Charakterisierung erfolgloser Behördengänge genutzt.

## DER GEIST IST WILLIG; ABER DAS FLEISCH IST SCHWACH

Jesus spricht diesen Gedanken im Garten Gethsemane aus. Hierher hatte er sich mit den Jüngern nach dem letzten Abendmahl zurückgezogen. Seine Gefährten schlafen ein, keiner hält, wie erwartet, die Nachtwache. Jesus ermahnt daraufhin Petrus: „Wachet und betet, dass ihr nicht in Versuchung fallt! Der Geist ist willig; aber das Fleisch ist schwach." Heutzutage wird die Redensart vom schwachen Fleisch gern benutzt, um das Handeln gegen eigene Vorsätze zu rechtfertigen. Man möchte Sport treiben, liegt aber faul auf dem Sofa. Man möchte mal wieder alte Freude anrufen, hat dann aber keine Lust dazu.

## MÖGE DIESER KELCH AN MIR VORÜBERGEHEN

Beim letzten Abendmahl spielt ein Kelch eine große Rolle. Jesus lässt seine Jünger daraus trinken. Sie nehmen Wein zu sich, den er als sein Blut bezeichnet. Am gleichen Abend betet er in aller Stille, erfüllt von der Gewissheit des nahen Todes. „Mein Vater, ist's möglich, so gehe dieser Kelch an mir vorüber; doch nicht, wie ich will, sondern wie du willst!" Das Hadern Jesu mit seinem eigenen Schicksal ist offenkundig. Der Begriff des Kelchs wird in der Bibel wiederholt mit Schicksal gleichgesetzt. Ähnlich wird die Redensart noch immer gebraucht. Soll doch lieber ein Kollege die unliebsamen Aufgaben in der Firma übernehmen. Möge ein anderer den Kelch bis zur bitteren Neige leeren.

## DER JUDASKUSS

Ein vermeintlicher Freund gibt einem einen Kuss. Er hat alles andere vor, als seine Liebe zu beweisen. Wer einen Judaskuss erhält, dem steht Arges bevor. So geschieht es nach dem letzten Abendmahl im oder nahe dem Garten Gethsemane. Judas hat Jesus bereits verraten, jeden Moment ist mit dem Eintreffen der Soldaten zu rechnen. Welchen Mann aber sollen sie verhaften? Wie können sie Jesus erkennen? Judas, so berichtet es der Evangelist Matthäus, „hatte ihnen ein Zeichen genannt und gesagt: Welchen ich küssen werde, der ist's; den ergreift. Und alsbald trat er zu Jesus und sprach: Sei gegrüßt, Rabbi!, und küsste ihn (…) Da traten sie heran und legten Hand an Jesus und ergriffen ihn". Im Lukas-Evangelium heißt es außerdem: „Jesus aber sprach zu ihm: Judas, verrätst du den Menschensohn mit einem Kuss?"

### ETWAS FÜR 30 SILBERLINGE VERKAUFEN

Gemeint ist der ebenfalls sprichwörtliche Judaslohn. Für seinen Verrat an Jesus erhielt Judas 30 Silbermünzen. Wer etwas für 30 Silberlinge verkauft, verrät seine eigene Sache, noch dazu für ein schäbiges Entgelt.

### ICH WASCHE MEINE HÄNDE IN UNSCHULD

Wer dies sagt, weist Verantwortung von sich. Er will mit einer Entscheidung oder einem Vorgang nichts zu tun haben. Die Redewendung geht zurück auf den Brauch, durch öffentliches Händewaschen seine Unschuld zu beteuern. In der Geschichte von Jesu Leid und Tod ist es der römische Statthalter, der sich derart ausdrückt. Matthäus erzählt, dass Pontius Pilatus das Volk vor die Wahl gestellt habe. Es könne Jesus oder einen anderen Verurteilten vor dem Tod retten. „Sie schrien aber noch mehr: Lass ihn kreuzigen! Da aber Pilatus sah, dass er nichts ausrichtete, sondern das Getümmel immer größer wurde, nahm er Wasser und wusch sich die Hände vor dem Volk und sprach: Ich bin unschuldig am Blut dieses Menschen." Auch in den alttestamentlichen Psalmen kommt die Redewendung vor. Hier ist es König David, der sagt: „Ich wasche meine Hände in Unschuld."

# Wo speiste Jesus seine Jünger?

**Wer mag, kann auf diese Frage eine äußerst konkrete Antwort bekommen. Sie lautet: 31 Grad, 46 Minuten und 18 Sekunden nördlicher Breite sowie 35 Grad, 13 Minuten und 43 Sekunden östlicher Länge. Die geografischen Daten markieren den Zionsberg in Jerusalem. Hier befindet sich der Abendmahlssaal. Doch hat ihn Jesus überhaupt betreten?**

Sowohl Christen als auch Juden und Muslimen ist das Gebäude, in dem sich der Abendmahlssaal befindet, heilig. In seinem Untergeschoss soll sich die Grabstätte des biblischen Königs David befunden haben. Er wird von Juden und Muslimen verehrt. Im darüber befindlichen Geschoss erstreckt sich ein etwa 10 mal 15 Meter großer Saal. Ihn zu besuchen, ist für viele christliche Pilger ein Muss. Hier, so die Legende, soll Jesus seine Jünger zum Abendmahl versammelt haben.

Das Neue Testament lässt allerdings völlig offen, um welchen konkreten Ort es sich gehandelt hatte. So berichtet der Evangelist Markus davon, dass Jesus zwei seiner Jünger ausgesandt habe, eine geeignete Lokalität zu suchen. „Er sprach zu ihnen: Geht hin in die Stadt, und es wird euch ein Mensch begegnen, der trägt einen Krug mit Wasser; folgt ihm, und wo er hineingeht, da sprecht zu dem Hausherrn: Der Meister lässt dir sagen: Wo ist die Herberge für mich, in der ich das Passalamm essen kann mit meinen Jüngern? Und er wird euch einen großen Saal zeigen, der schön ausgelegt und vorbereitet ist; und dort richtet für uns zu. Und die Jünger gingen hin und kamen in die Stadt und fanden's, wie er ihnen gesagt hatte."

Der Abendmahlssaal ist eine heilige Stätte. Er befindet sich in einem zweistöckigen Gebäude auf den Zionsberg.

Im Jahre 70, also rund vier Jahrzehnte später, zerstörten die Römer weite Teile des damals aufständischen Jerusalem. Gut möglich, dass sie auch jenes Gebäude niederbrannten, in dem die legendärste Mahlzeit der Menschheit eingenommen worden ist. Wie auch immer: Ausgangs des 4. Jahrhunderts weihten Christen auf dem Zionsberg die Hagia-Sion-Basilika. Spätestens seit dem 6. Jahrhundert wird diese Kirche mit dem letzten Abendmahl in Verbindung gebracht.

Während der folgenden Jahrhunderte erlebte die Basilika eine äußerst wechselvolle Geschichte. Sie wurde mehrmals geschleift und wiederaufgebaut, zwischenzeitlich war der Bau als Moschee genutzt worden. Das noch immer erhaltene Gebäude stammt aus dem 13. und 14. Jahrhundert. Mit anderen Worten: Als der Abendmahlssaal in seiner jetzigen Form entstand, lag die Kreuzigung Jesu bereits rund 1300 Jahre zurück.

Das letzte Abendmahl, wie es Albrecht Dürer 1.500 Jahre später in Form eines Holzschnitts verewigt hat

## POPULÄRER IRRTUM

# Brot und Wein

**Warum heißt das letzte Abendmahl eigentlich das letzte? Bezogen auf Jesus ist die Antwort eindeutig: Er nahm am Vorabend seiner Kreuzigung letztmals ein Mahl mit seinen Jüngern ein. Und doch war dieses Abendmahl nicht wirklich das letzte; es ist zugleich das erste in der christlichen Tradition.**

Bis heute hat sich am grundsätzlichen Ablauf wenig geändert. Beim letzten Abendmahl reichte Jesu seinen Jüngern sowohl Brot als auch Wein. Er bezeichnete beides als sein Blut und seinen Leib. Heutzutage sind es Priester, Pfarrer und Pfarrerinnen, die Brot und Wein austeilen. Tatsächlich handelt es sich beim Brot meist um eine Oblate (Hostie). Statt Wein wird mitunter auch Traubensaft verwendet. Doch ganz so einfach ist es dann doch nicht ums Abendmahl bestellt. Die Frage, wie Christus zugegen ist, führt seit mehr als 1.000 Jahren immer wieder zu innerkirchlichem Streit. Selbst die Frage, ob evangelische und katholische Christen gemeinsam das Abendmahl einnehmen dürfen, wird äußerst kontrovers debattiert.

Bei beiden Konfessionen gehört das Abendmahl zu den Sakramenten. Die evangelische Kirche kennt überhaupt nur zwei Sakramente (außerdem die Taufe), die katholische immerhin sieben (außerdem Taufe, Firmung, Ehe, Beichte, Krankensalbung und Priesterweihe). Für Katholiken ist Christus bei der Feier des Abendmahls leibhaftig anwesend, um in den Gläubigen zu wohnen. Eigens dafür weiht ein Priester das Brot und den Wein zu Leib und Brot. Das hat übrigens auch zur Folge, dass nicht verbrauchte Hostien aufbewahrt werden, da es sich ja um den Leib Christi handelt. Eigens dafür gibt es Tabernakel.

Die Reformatoren brachen mit diesem Ritus. Evangelische Christen erachten Brot und Wein zwar auch als Blut und Leib. Die Präsenz Christi entsteht für sie aber nicht durch eine Weihe, sondern allein durch den Glauben eines Menschen.

## POPULÄRER IRRTUM

# Mythos und Realität

**An jedem Karfreitag flimmern Fernsehbilder aus Jerusalem um die Welt. Dann sehen wir Pilger, die entlang der Via Dolorosa laufen. Sie ist zweifelsohne die bekannteste Straße der Christenheit. Dass sie den Kreuzweg symbolisiert, ist unstrittig. Doch ist der zum Tode verurteilte Jesus überhaupt über diese Straße gelaufen?**

Der Name „Via Dolorosa" stammt vermutlich aus der Zeit der Kreuzzüge. Das christliche Heer hatte Jerusalem erstmals anno 1099 eingenommen. Die Kreuzfahrer pilgerten vom einstigen Amtssitz des römischen Statthalters zum Tempelberg und weiter bis zur Grabeskirche. Der erste schriftliche Nachweis der Via Dolorosa datiert jedoch erst auf das Jahr 1572. Doch welchen Namen trug der Kreuzweg vor rund 2000 Jahren? Wir wissen es nicht.

Der vielleicht populärste Irrtum rund um die Via Dolorosa lässt sich am einfachsten aufklären. Sie ist keine Straße an sich. Der Weg führt vielmehr im Zickzack durch die verwinkelte Altstadt von Jerusalem. Er bezieht dabei mehrere Straßen ein. Immerhin 14 Stationen reihen sich entlang der Strecke. Die letzten fünf gehören allesamt zur Grabeskirche. Weitaus schwieriger ist es darum bestellt, wie authentisch die Via Dolorosa überhaupt ist. Ketzerisch ist eine solche Frage keineswegs. Schließlich macht sich das Pilgern an detaillierten Geschehnissen sowie an konkret festgelegten Handlungsorten fest, welche andererseits auf Basis der biblischen Überlieferung nicht eindeutig belegt sind.

Der heutige Startpunkt der Via Dolorosa befindet sich im Hof der muslimischen Mädchenschule namens Omariya. An gleicher Stelle hat sich vor rund 2000 Jahren die Festung Antonia befunden. Hier soll der Überlieferung zufolge Jesus von Pontius Pilatus zum Tode verurteilt worden sein. Allerdings haben Historiker durchaus Zweifel an der Zuschreibung. Im Neuen Testament ist nur allgemein vom Prätorium die Rede, also vom Sitz des Befehlshabers. Damit könnte auch der repräsentative Königspalast von Jerusalem gemeint sein. Unzweifelhaft fest steht zumindest, dass die Festung im Jahre 70 geschleift worden ist.

Der Evangelist Johannes erzählt von Jesu Kreuzweg unter anderem so: „… und er trug selber das Kreuz und ging hinaus zur Stätte, die da heißt Schädelstätte, auf Hebräisch Golgatha". Immerhin drei konkret bezeichnete Stationen der Via Dolorosa erinnern daran, dass Jesus wiederholt unter der Last des Kreuzes gestürzt ist. Diese körperlichen Zusammenbrüche sind in der Bibel indes nicht konkret überliefert. Zumindest hielt der Evangelist Lukas fest, wenn auch ohne konkrete Ortsangabe: „Und als sie ihn abführten, ergriffen sie einen, Simon von Kyrene, der vom Feld kam, und legten das Kreuz auf ihn, dass er's Jesus nachtrüge. Es folgte ihm aber eine große Volksmenge und viele Frauen, die klagten und beweinten ihn. Jesus aber wandte sich um zu ihnen und sprach: Ihr Töchter von Jerusalem, weint nicht über mich, sondern weint über euch selbst und über eure Kinder."

Insbesondere Archäologen verneinen, dass die heutige Via Dolorosa jener Weg ist, den Jesus tatsächlich beschritten

Wie sah Jerusalem zu Beginn der modernen Zeitrechnung aus? Diese Frage stellten sich bereits ausgangs des 15. Jahrhunderts die Autoren der Schedelschen Weltchronik. Allerdings trugen sie mit der Veröffentlichung einer Ansicht der im Jahre 70 zerstörten Stadt eher zur Verwirrung denn zur Aufklärung bei. Salomos Tempel steht zwar wahrheitsgemäß in Flammen. Direkt darüber hat der Zeichner jedoch die Grabeskirche dargestellt. Sie war erst drei Jahrhunderte später errichtet worden.

hat. Das hat vor allem mit den wiederholten Zerstörungen und dem Wiederaufbau Jerusalems zu tun. Einstige Gebäude sind vergangen oder nur noch in ihren Fundamenten erhalten. Noch dazu befindet sich das heutige Höhenniveau der Altstadt bis zu 14 Meter über dem von vor 2000 Jahren.

Doch kommt es auf eine derartige historische Genauigkeit überhaupt an? Die meisten Pilger werden vermutlich mit Nein antworten. Für sie ist und bleibt der Kreuzweg vor allem eine spirituelle Erfahrung.

# Haarige Zeiten in Oberammergau

**Alle zehn Jahre wird das bayerische Oberammergau von Besuchern überrannt. Während der dann stattfindenden Passionsspiele strömen bis zu einer halben Million Gäste in das Dorf. Sie möchten das weltweit bekannteste Osterspiel erleben.**

Während unzählige Menschen zu Jahresbeginn 2021 darauf hofften, endlich wieder zum Friseur gehen zu dürfen und die Corona-Mähne loszuwerden, fingen die haarigen Zeiten in Oberammergau erst richtig an. Am 17. Februar 2021 erging für die Mitwirkenden der Passionsspiele des Jahres 2022 der Haar- und Barterlass. Die vielen Laiendarsteller – es sind rund 2000 – wurden damit traditionell aufgefordert, sich das Haupt- und Gesichtshaar wachsen zu lassen. Dadurch sollen sie auf der Bühne möglichst authentisch wirken, also wie Menschen aus Jesu Lebzeiten. Lediglich die Darsteller der Römer dürfen Kurzhaarschnitte tragen.

Die Passionsspiele erzählen die letzten Lebtage Jesu nach. Sie finden seit dem Jahr 1634 in Oberammergau statt – aus Dankbarkeit. Im Jahr zuvor hatte in Bayern die Pest grassiert. Obwohl das Ammertal durch die hohen Berge abgeschirmt war, brach die Seuche über das Dorf herein. Ein Tagelöhner, der auswärts gearbeitet hatte, schleppte sie ein. Binnen drei Wochen starben er und 84 weitere Einwohner. In ihrer Not, so heißt es in einer Chronik, suchte die Gemeinde beim Allmächtigen um Hilfe nach. Die Menschen leisteten das Gelübde, alle zehn Jahre die Leidensgeschichte Jesu öffentlich aufführen zu wollen. Von jenem Moment an, so wird berichtet, starb niemand mehr an der Pest, obschon sich bereits viele weitere Menschen angesteckt hatten.

Die Inszenierung des Osterspiels dauert jeweils fünf Stunden. Rund 100 Vorstellungen finden von Mai bis Oktober statt. Danach dürfen die Darsteller gern wieder zum Friseur eilen – ehe neun Jahre später der nächste Haar- und Barterlass ergeht.

Inmitten von Oberammergau erinnert sogenannte Lüftlmalerei an die im 17. Jahrhundert begründete Tradition des Passionsspiels.

# Symbol des Lebens

**Wie entstand unser Universum und mit ihm die Welt? Gab es den von Wissenschaftlern beschriebenen Urknall wirklich? Oder sollte Mose doch recht haben? Er hatte die Erschaffung der Welt so beschrieben: „Im Anfang erschuf Gott Himmel und Erde …" Schließlich formte Gott aus Staub den ersten Menschen und aus dessen Rippe die erste Frau. So zumindest erzählt es die Heilige Schrift der Christen.**

In anderen Religionen weicht die Schöpfungsgeschichte davon stark ab. Ob bei den alten Griechen, den Ägyptern oder den Chinesen, ob bei Hindus oder in der japanischen Mythologie: Stets ist es ein Ei, aus dem die Welt hervorgegangen ist. Es wurde zum Sinnbild des Lebens.

Das frühe Christentum hat sich diese Symbolik nicht einfach nur zu eigen gemacht. Es hat ihm eine weitere Bedeutung gegeben. Ein Ei wirkt zwar kalt und verschlossen, aber in ihm wächst neues Leben heran. So erinnert das schlüpfende Küken an die Auferstehung Jesu aus dem Felsengrab.

Doch erst ein anderer, jahreszeitlich passender Umstand sollte die Erfolgsgeschichte des Ostereis beflügeln. Die Fastenregeln brachten es mit sich, dass in den sechs Wochen vor Ostern keine Eierspeisen verzehrt werden durften. Da die Hennen aber weiterhin Eier legten, blieb den Menschen nichts weiter übrig, als sie durch Kochen haltbar zu machen. Wie aber sollte man fortan die frischen von den älteren unterscheiden? Die Lösung war ebenso einfach wie genial: Die gekochten Eier wurden gefärbt; alle paar Tage wechselte der Farbton. Bis zum Beginn des Osterfestes wuchsen so die bunten Eier-Vorräte erheblich an. Wer die Idee hatte, diese Eier in Gottesdiensten weihen zu lassen und sie danach zu verschenken, verliert sich im Dunkel der Geschichte.

Alles begann 1965 mit lediglich 18 Eiern. Mittlerweile gilt der Osterbaum aus Saalfeld (Thüringen) als legendär. Er wird alljährlich mit 10.000 mundausgeblasenen Eiern geschmückt. Den Weltrekord hält jedoch der Zoo von Rostock mit einer einmaligen Aktion. Hier wurden im Jahr 2007 genau 76.596 ausgeblasene und bemalte Hühnereier in einen Baum gehängt.

## POPULÄRER IRRTUM

## Was war zuerst da, Huhn oder Ei?

**Klare Antwort: das Huhn. Wer sollte sonst das Ei gelegt haben. Doch woraus ist dann das Huhn geschlüpft? Oje … Schon vor rund 2.400 Jahren suchte mit Aristoteles ein Großer der Antike nach einer Antwort. Alle Jahre wieder, pünktlich zur Osterzeit, beginnt die Diskussion aufs Neue.**

Aristoteles war nicht einfach nur ein Philosoph, ein großer Nachdenker also. Vielmehr war er ein Universalgelehrter. Er beschäftigte sich mit Logik und Grammatik ebenso wie mit Physik und Zoologie. Er erforschte die Dichtkunst und lehrte das Wesen des Staats. Zu seinen Werken gehört die „Entstehung der Tiere". In dieser mehrbändigen Schrift widmete sich Aristoteles der Fortpflanzung und der Vererbung – und sogar dem Windei. Heutzutage verstehen wir darunter sinnbildlich eine nicht ausgereifte Sache. Wir benutzen das Wort abwertend. Ursprünglich meint ein Windei ein Ei, welches über keine schützende Kalkschicht verfügt. Es wird lediglich durch eine dünne Haut geschützt. Auch Hühner können Windeier legen, etwa wenn sie unter Kalkmangel leiden oder erkrankt sind.

Was aber war denn nun zuerst da, das Huhn oder das Ei? Und wie entwickelt sich aus dem Ei das Huhn? Aristoteles wollte es genau wissen. Er öffnete bebrütete Eier verschiedenen Alters und untersuchte die Entwicklungsstufen der Embryos. Dabei gelangte er zu der bahnbrechenden Erkenntnis, dass im Ei kein Miniküken existiert, das einfach nur noch größer wird. Er beschrieb detailliert, dass und wie sich Embryos stufenweise entwickeln.

Doch die ewige Frage nach Huhn und Ei konnte der Grieche damit noch nicht abschließend beantworten. Letztlich gab er sich davon überzeugt, dass beide in einem Kreislauf schon immer vorhanden gewesen sein müssen.

Heutzutage wissen wir: Ausgerechnet mit seinen Untersuchungen zum Windei war Aristoteles der wahren Antwort bereits sehr nahegekommen. Wie das? Moderne Biowissenschaftler meinen, dass am Anfang aller Entwicklung das Ei gestanden hat. Gemeint ist damit natürlich kein Hühnerei, sondern die Eizelle an sich. Sie ist der wahre Keim des tierischen und auch des menschlichen Lebens. Sie ist von einer weichen Membran umgeben, und sie ist noch unausgereift, ganz so wie ein Windei.

Über Jahrmillionen hinweg haben sich aus den ersten Eizellen die tierischen Lebewesen entwickelt. Zahlreiche Faktoren spielten und spielen bei diesem nicht enden wollenden Schöpfungsakt eine Rolle. Mutation und Selektion gehören dazu, zudem werden die Erbanlagen der Eltern stets neu kombiniert. Man kann dies auch so ausdrücken: Lebewesen können sich selbst nicht verändern; sie können jedoch Nachkommen mit veränderten Eigenschaften zeugen. Irgendwann hat also ein Vogel, der noch kein Huhn war, ein befruchtetes Ei gelegt, aus dem das erste Huhn entstand. Kurzum: Das Ei war zuerst da.

### Auf ein Ei geschrieben

Die Gelehrten und die Pfaffen
streiten sich mit viel Geschrei,
was hat Gott zuerst erschaffen –
wohl die Henne, wohl das Ei!
Wäre das so schwer zu lösen –
erstlich ward ein Ei erdacht,
doch weil noch kein Huhn gewesen –
darum's der Has gebracht.

*Eduard Mörike (1804–1875)*

# 10 Fakten wider das Rumeiern

## 48.000.000
Legehennen gab es im Jahr 2019 in Deutschland. Die Zahl der Tiere nimmt bereits seit längerer Zeit kontinuierlich um rund 1 Million pro Jahr zu.

## 14.970.000.000
Eier legten diese Hennen im Jahr 2019, also knapp 15 Milliarden.

## 19.600.000.000
Hühnereier werden jährlich in Deutschland verbraucht. Die Versorgungslücke wird durch Importe abgedeckt. Hauptlieferanten sind die Niederlande und Polen.

## 235 Eier
beträgt der jährliche Pro-Kopf-Verbrauch in Deutschland. Dieser Wert beinhaltet auch jene Eier, die industriell für Lebensmittel verarbeitet werden. Der Verbrauch steigt seit Jahren leicht an.

## 298 Eier
legt eine durchschnittlich leistungsstarke Henne im Jahr.

## 39 Prozent
der deutschen Eier werden in Niedersachsen produziert.

## 63 Gramm
muss ein Ei mindestens wiegen, um im Handel als groß klassifiziert zu werden. Diese Gewichtsklasse heißt L. Leichtere Eier werden als S und M verkauft. Ab 73 Gramm sind Eier sehr groß (XL).

## 0,3 bis 0,5 Millimeter
sind die Schalen von Hühnereiern normalerweise dick.

## 2,1 Kilogramm
Futter sind erforderlich, um 1 Kilogramm Eimasse zu produzieren.

## 12 bis 15 Monate
werden Hennen in Großbetrieben alt. Dann erfolgt ihre Schlachtung.

# Das Nährstoffwunder

Eier sind ein universell einsetzbares Lebensmittel. Wir genießen sie gekocht und gebraten, im Kuchen und in Nudelgerichten. Als Bestandteil von Soßen, Mayonnaise und Süßspeisen gelten sie als unverzichtbar. Und dann gibt es ja auch noch den Eierlikör.

### WAS STECKT IN DOTTER UND EIKLAR?

Wasser ist der Hauptbestandteil. Beim Eiklar beträgt der Anteil etwa 87 Prozent, beim Dotter sind es 50 Prozent. Obwohl das Eiklar gemäß seiner Farbe meist auch als Eiweiß bezeichnet wird, ist der Anteil von tatsächlichem Eiweiß im Dotter höher (16 zu 11 Prozent). Während der Dotter einen Fettanteil von 32 Prozent hat, tendiert dieser beim Eiklar gegen Null. Dadurch ist der Kaloriengehalt auch grundverschieden; der des Dotters beträgt rund das Siebenfache des Eiklars.

### SIND EIER EIN HOCHWERTIGES NAHRUNGSMITTEL?

Auf jeden Fall. In einem Ei stecken alle notwendigen Mineralien, Vitamine, Proteine und Fettsäuren, um ein Küken entstehen zu lassen. Diese Ernährungsbestandteile sind auch für den Stoffwechsel des Menschen wichtig. Das berühmte Vitamin C ist im Ei jedoch nicht enthalten.

### UND WAS IST MIT DEM CHOLESTERIN?

Cholesterin ist unter anderem in fettreichem Fleisch, in Pflanzenölen, in Butter sowie in Eiern enthalten. Allerdings produziert bereits die Leber des Menschen diesen lebenswichtigen Stoff. Er ist wichtig für den Hormonhaushalt sowie für die Entstehung der Gallensäuren. Der Anteil des Cholesterins im menschlichen Blut wird als Cholesterinspiegel bezeichnet. Man spricht auch vom Blutfett. Steigt dieser Wert insbesondere durch Ernährungsgewohnheiten, begünstigt er lebensbedrohliche Herz-Kreislauf-Erkrankungen wie Atherosklerose, Herzinfarkt und Schlaganfall. Zudem bestehen Gallensteine größtenteils aus Cholesterin.

### WEISSE ODER BRAUNE EIER?

Käufer greifen in Deutschland bevorzugt zu braunschaligen Eiern. In einer Studie der Bundesanstalt für Landwirtschaft und Ernährung heißt es dazu: „Sie vermitteln dem Verbraucher augenscheinlich ein Gefühl von einer tierwohlgerechteren Haltung als weiße Eier, die viele Konsumenten mit der Käfighaltung in Verbindung bringen. Interessant ist die Tatsache, dass Legehennenhalter (…) von besseren Haltungseigenschaften weißlegender Hühnerrassen berichten. Inwieweit dies den Anteil weißer Ware im deutschen Handel verändern wird, bleibt abzuwarten."

### WIE KANN MAN DIE FRISCHE TESTEN?

Dazu gibt man ein Ei vorsichtig in kaltes Wasser – frische Eier sinken ab, ältere schwimmen oben. Das erklärt sich durch die vorherige Verdunstung von Wasser in den Eiern. Ältere werden dadurch leichter.

## WIESO MUSS MAN EIER NICHT KÜHLEN?

Die Schale bildet, sofern sie unbeschädigt ist, bereits einen nahezu perfekten Schutz. Deshalb dürfen frische Eier auch nicht gewaschen werden, da dies die dünne, zur Abwehr von Keimen wichtige Oberhaut (Kutikula) ihrer Schale zerstören würde. Ein nicht allzu warmer Ort genügt zunächst zur Aufbewahrung. Selbst im Supermarkt werden frische Eier nicht in die Kühlung gepackt. Spätestens nach 18 Tagen sollten Eier zu Hause dann aber doch in den Kühlschrank gelegt werden. Ihre Mindesthaltbarkeit liegt bei vier Wochen.

## WARUM RIECHEN MANCHE EIER NACH FISCH?

Gerüchteweise heißt es, dies liege am Füttern mit Fischmehl. Der Geruch ist jedoch genetisch bedingt und hängt mit Rapsschrot als Futtermittel zusammen. Hühner, die braune Eier legen, haben mitunter einen bestimmten Gendefekt. Deshalb können sie das im Raps enthaltene Enzym TMA nicht abbauen, welches den Geruch bedingt. Deutschlands führender Legehennen-Züchter ist die Lohmann Tierzucht GmbH. Der Firma ist es nach eigener Angabe gelungen, den Gendefekt durch Selektion herauszuzüchten.

## NIMM EIN EI MEHR!

Diese Empfehlung hat nichts mit Ostern zu tun, sondern mit der sozialistischen Wirklichkeit der DDR. Zu Zeiten, in denen Fleischknappheit bestand, gab es plötzlich Reklame für Eier. Natürlich wurde dabei der eigentliche Anlass der Werbebotschaft nicht benannt. Aber ohnehin waren die Zusammenhänge vielen Bürgern klar. Der vollständige Slogan lautete so: „Eier sind wohlschmeckend, schnell zubereitet, gehaltvoll. Deshalb: Nimm ein Ei mehr!"

# Woher stammt mein Ei?

Nahezu jedes Ei, das in Deutschland an Endverbraucher verkauft wird, trägt einen Code aus Buchstaben und Zahlen. Lediglich für Eier, die von Kleinerzeugern direkt ab Hof vermarktet werden, entfällt diese Deklarationspflicht. Was aber bedeuten die Buchstaben und Zahlen?

Jeder Code beginnt mit einer einstelligen Zahl. Sie verrät die Haltungsform der Hennen. Die 0 steht für eine ökologische Haltung (Bio), die 1 für Freilandhaltung, die 2 für Bodenhaltung. Auch eine 3 ist möglich, sie bezeichnet die Käfighaltung in Kleingruppen von maximal 60 Hennen. Die Haltung in Legebatterien ist in Deutschland seit 2010 nicht mehr erlaubt. Die Kleingruppenhaltung wird schrittweise bis 2025 verboten.

Der Code besagt: Dies ist ein Bio-Ei (0) aus Deutschland (DE). Es wurde in Mecklenburg-Vorpommern (13) gelegt, und zwar auf dem Geflügelhof Krümmel.

Der ersten Zahl folgen zwei Buchstaben. Sie stehen für das Herkunftsland. DE ist beispielsweise die Abkürzung für Deutschland, NL für die Niederlande, PL für Polen.

Die nächsten beiden Zahlen geben bei deutschen Eiern das Bundesland an. 01 Schleswig-Holstein, 02 Hamburg, 03 Niedersachsen, 04 Bremen, 05 Nordrhein-Westfalen, 06 Hessen, 07 Rheinland-Pfalz, 08 Baden-Württemberg, 09 Bayern, 10 Saarland, 11 Berlin, 12 Brandenburg, 13 Mecklenburg-Vorpommern, 14 Sachsen, 15 Sachsen-Anhalt und 16 Thüringen.

Die letzten fünf Zahlen bezeichnen den konkreten Betrieb. Diese Herkunft kann man leicht im Internet recherchieren.

# Keine Binsenweisheit

**Gefärbte Ostereier kennt jeder. Doch wie sieht es mit kunstvoll gebastelten Binseneiern aus? Noch nie gehört? Kein Wunder. Diese Tradition wird zwar seit Jahrhunderten gepflegt, sie ist aber nur in einigen Gegenden Deutschlands beheimatet.**

Eine der skurrilsten Sagen aus dem alten Griechenland erzählt von der Binsenweisheit. Und diese Sage geht so: König Midas wurde vom Frühlingsgott Apollon mit Eselsohren gestraft. Midas vermochte sie geschickt unter einer Mütze zu verbergen. Nur sein Barbier erfuhr von diesem Geheimnis, welches er zu hüten versprach. Leider konnte er sein Mundwerk nicht wirklich halten; eines Tages flüsterte er es am Ufer eines Flusses vor sich hin. Doch ein Schilfrohr hatte mitgehört und erzählte es weiter, von einer Binse zur anderen. So kam es, dass schließlich alle Welt von Midas' Ohren erfuhr. Das Geheimnis war zur Binsenweisheit geworden; es wurde derart bekannt, dass man sich nicht mal mehr dafür interessieren mochte. Ob man davon wusste oder nicht, schien egal geworden zu sein.

Gut möglich, dass es um eine ganz bestimmte Art von Ostereiern ähnlich bestellt ist. Noch dazu handelt es sich dabei um Eier, die ebenfalls mit Binsen zu tun haben. Binseneier, also. Im Odenwald sowie im thüringischen Werratal haben sie eine große Tradition. Auch in Osteuropa sind sie weit verbreitet. Binseneier sind die vielleicht aufwendigste Möglichkeit, ein ausgeblasenes Ei in ein kleines Kunstwerk zu verwandeln. Dem Mark der Binsen kommt dabei eine Schlüsselrolle zu.

Zunächst müssen die Eier vorbereitet werden. Wer mag, zeichnet sein Wunschmuster auf der Schale vor. Sie wird mit passgenau zugeschnittenen Stoffresten beklebt. Rote, grüne und blaue Farbtöne sind besonders beliebt, da sie einen starken

Kontrast zum weißen Mark bilden. Nun kommt es auf besondere Fingerfertigkeit an. Das Binsenmark muss vorsichtig aus frisch geschnittenen Halmen gelöst werden, sodass man lange Schnüre erhält.

Das Mark wird in Ornamenten auf die Eier geklebt. Sie sollten dabei alle Schnitt- und Klebekanten der Stofffetzen bedecken. Die traditionellen Muster haben jeweils eine eigene Bedeutung. Wellenlinien stehen für das Auf und Ab im Leben, Punkte für das Wasser sowie Spiralen für den Kreislauf der Jahreszeiten. Aber natürlich sind der Fantasie keine Grenzen gesetzt. Wer mag, kann moderne Muster entwerfen oder die Eier mit kleinen Botschaften beschreiben. Auf jeden Fall sind derart gestaltete Binseneier alles andere als eine Binsenweisheit. Sie sind wahre Unikate.

Diese Binseneier hat Gabriele Bretschneider gestaltet. Sie stammt aus dem Werratal.

# Das wahre Ü-Ei

**Die wertvollsten Ostereier aller Zeiten stammen aus Russland. Im Jahre 1885 schuf hier der Juwelier Peter Carl Fabergé sein erstes Ei aus Gold und Rubinen. Fortan entstanden Jahr für Jahr ein oder zwei weitere dieser Kunstwerke. Dann aber brach die Russische Revolution aus …**

Das Jahr 1917 in Petrograd. Seit drei Jahren tobt der Erste Weltkrieg. In Russland ist die politische und soziale Lage zum Bersten angespannt. Das Zarenreich hat enorme Kriegsverluste erleiden müssen, die Wirtschaft liegt darnieder, die Inflation grassiert. Am 8. März bricht in Petrograd die Revolution aus. Zar Nikolaus II.

Dieses Ei schenkte Zar Nikolaus II. seiner Mutter zum Osterfest 1901. Im Inneren ist mit Schloss Gattschina eine der kaiserlichen Residenzen zu sehen.

reagiert mit harter Hand, kann sich aber nicht halten. Nach nur einer Woche wird er gezwungen, abzudanken. Er und seine Familie kommen in Arrest. Damit sieht sich plötzlich auch der Kaiserliche Hofjuwelier Fabergé vor ein besonderes Problem gestellt. In wenigen Tagen ist Ostern; eigens als Geschenk für seine Mutter hatte Nikolaus II. ein mit Gold und Saphiren verziertes Ei aus Birkenholz bestellt. Was also tun? Fabergés Gesuch, das Ei ausliefern zu dürfen, wird von den Revolutionären abgelehnt.

Mittlerweile gehört das Birken-Ei zur Sammlung des Fabergé Museums in Baden-Baden. Es ist das überhaupt letzte je fertiggestellte Ei aus der Petersburger Goldschmiede des Peter Carl Fabergé. Rund 50 Eier hatten er und seine Werkmeister seit 1885 angefertigt. Ihre bevorzugten Materialien waren Gold und Silber, Diamanten sowie wertvolle Mineralien. Nur äußerst selten gelangt ein Fabergé-Ei in den internationalen Kunsthandel. Als 2012 ein Ei

in London versteigert wurde, zahlte der neue Besitzer dafür umgerechnet 12,5 Millionen Euro.

Während die meisten Fabergé-Eier bereits auf den ersten Blick prunkvoll wirken, begann die Geschichte dieser Kunstwerke mit einem bescheiden aussehenden Exemplar. Es ist weiß emailliert und ähnelt somit einem echten Ei. Doch es lässt sich öffnen und wird dadurch zum wahren Überraschungsei. In ihm steckt ein Dotter aus Gold, welcher eine weitere Überraschung enthält: eine Miniatur-Henne aus Gold mit Augen aus Rubin. Im Jahre 1885 hatte Zar Alexander III. dieses besondere Ü-Ei seiner Ehefrau Maria Fjodorowna zum Osterfest geschenkt.

Fortan gaben die Zaren jedes Jahr ein oder zwei weitere Ostereier bei Fabergé in Auftrag. Neben diesen kaiserlichen Eiern entstanden auch einige Exemplare für Industrielle und Adelige. Nach der Russischen Revolution verkauften die Bolschewiki (Kommunisten) einen Gutteil der beschlagnahmten Zaren-Eier ins Ausland. Vor einigen Jahren erwarb ein russischer Oligarch zehn Eier für 100 Millionen Dollar. Sie befinden sich seitdem wieder an ihrem Entstehungsort in St. Petersburg.

# Das Gelbe vom Ei

**Eier bereichern nicht nur den Speiseplan des Menschen, sondern auch seinen Wortschatz. Sie kommen in vielen Redewendungen vor. Wer gern gackert, findet hier zehn Beispiele.**

### 1. DAS EI DES KOLUMBUS

Wer dieses Ei entdeckt, hat zu einer verblüffend einfachen Lösung eines großen Problems gefunden. Der Legende zufolge soll ein Kardinal während eines Festessens die Leistung Kolumbus' herabgesetzt haben; auch andere Seefahrer hätten westwärts segeln können. Daraufhin bat Kolumbus alle Anwesenden, ein rohes Ei auf die Spitze zu stellen. Es misslang natürlich. Da nahm Kolumbus das Ei, setzte es hart auf den Tisch, sodass es eingedrückt war und stehen blieb. Wieder hielt ihm der Kardinal vor, dass zu einer solchen Lösung auch jeder andere in der Lage wäre. Darauf entgegnete Kolumbus: Das mag so sein, doch warum hat es dann kein anderer vor mir vollbracht?

Gut möglich, dass diese Geschichte in Wahrheit auf den Baumeister des Florentiner Doms zurückgeht und später auf Kolumbus übertragen wurde.

### 2. EINEN EIERTANZ AUFFÜHREN

Wer einen solchen Tanz hinlegt, der redet um den heißen Brei herum. Er kommt nicht zur Sache, er windet sich. Er verkompliziert etwas völlig unnötig. Dabei geht die Redensart auf wahrhaftes Geschick zurück – sowie auf Goethe. Der Dichter beschrieb in „Wilhelm Meisters Lehrjahre" eine Nummer des Zirkusmädchens Mignon. Sie tanzt mit verbundenen Augen zwischen Eiern, die auf dem Boden liegen, ohne auch nur eines davon zu berühren.

### 3. DAS GELBE VOM EI

Für viele Menschen ist der Dotter eines Eis schmackhafter als das Eiweiß. Wenn etwas nicht das Gelbe vom Ei ist, dann mag es zwar gut sein, nicht aber perfekt.

### 4. WIE AUS DEM EI GEPELLT

Ein Ei, das man gerade erst geschält hat, sieht sauber aus und glatt. Wer sich betont ordentlich kleidet, sieht aus wie aus dem Ei gepellt. Vor allem im Geschäftsleben wird auf ein solches Äußeres großen Wert gelegt.

### 5. SICH UM UNGELEGTE EIER KÜMMERN

Wer dies tut, greift Themen auf, die noch nicht spruchreif sind. Wer eigene Angelegenheiten als ungelegte Eier bezeichnet, möchte seine Karten nicht offenlegen. Es ist noch nicht an der Zeit, andere in die eigenen Pläne oder Absichten einzuweihen.

### 6. WIE EIN EI DEM ANDEREN GLEICHEN

Zwischen Dingen oder auch Personen besteht eine derart große Ähnlichkeit, dass man sie leicht miteinander verwechseln kann. Menschen können zum Beispiel einen Doppelgänger haben oder eineiige Zwillinge sein.

### 7. SICH EIN EI INS NEST LEGEN

Diese Redensart spielt auf das typische Verhalten eines Kuckucks an. Die weiblichen Tiere legen ihre Eier in fremde Nester und lassen sie von anderen Vögeln ausbrüten. Die untergeschobenen Kinder werden von den Adoptiveltern nicht als solche erkannt. Wer sich im übertragenen Wortsinn ein Ei ins Nest legt, der schadet sich durch sein Handeln selbst.

## 8. WER SCHLACHTET SCHON EIN HUHN, DAS GOLDENE EIER LEGT?

Natürlich lautet die Antwort auf diese Frage normalerweise: „Keiner." Wer ein solches Huhn dennoch tötet, handelt kurzsichtig. Er übersieht, dass ihm durch dessen Weiterleben weiterhin große Vorteile entstehen würden.

## 9. EINE EIERLEGENDE WOLLMILCHSAU

Ein solches Tier ist vermutlich der Traum vieler Landwirte. Es legt Eier wie eine Henne, hat Wolle wie ein Schaf, gibt Milch wie eine Kuh und liefert Fleisch wie ein Schwein. Das Sprachbild wird auf Menschen übertragen: Er genügt besonders vielen Ansprüchen, er besitzt viele Talente, er ist ein wahres Nutztier.

## 10. WIE EIN ROHES EI BEHANDELN

Diese Handlungsempfehlung findet sich bereits bei Martin Luther. In seinem Werk „Kirchenpostilla. Das ist Auslegung der Episteln und Evangelien" berichtet er am Beispiel der Korinther und ihrer falschen Propheten, wie „ein Vater sein blödes Kind" idealerweise erziehen sollte. Luther rät, dass er sie tadeln möge. Doch dabei müsse er „sie aufs allersanfteste halten, wie ein rohes Ei, dass er sie nicht allzu viel rüttelt oder erschreckt". Damit ist eigentlich schon alles gesagt: Die Redensart legt uns äußerste Rücksichtnahme ans Herz. Wir sollen übervorsichtig sein.

Lutherdenkmal in Möhra, dem Stammort seiner Familie

# Die Macht des Einzelnen

Im Jahr 2020 fanden bedingt durch die Corona-Krise erstmals seit sechs Jahrzehnten keine Ostermärsche in Deutschland statt. Die Aktivisten mussten sich auf individuelle Formen des Protests besinnen, etwa das Aufhängen von Regenbogenfahnen und einen virtuellen Marsch.

„Haben Sie Vertrauen in die Macht des Einzelnen!" Unter diesem Motto hatten Atomwaffengegner 1960 zum ersten deutschen Ostermarsch aufgerufen. Er begann am Karfreitag, dauerte vier Tage und führte von mehreren Startpunkten aus zum Truppenübungsplatz Bergen-Hohne. Hier, in der Lüneburger Heide, hatte die Bundeswehr zuvor Honest-John-Raketen getestet. Diese amerikanischen Kurzstreckenraketen waren mit konventionellen Sprengköpfen ausgestattet, konnten aber auch atomar bestückt werden.

Das Logo der Friedensbewegung

Die Initiatoren des Marschs ließen sich von Aktionen in Großbritannien inspirieren. Hier fanden seit 1958 österliche Protestmärsche zwischen dem Atomforschungszentrum Aldermaston und London statt. Eigens dafür entwarf der Designer Gerald Holtom ein kreisrundes Logo. Es wurde zum bekanntesten Zeichen der Friedensbewegung. Was aber bedeutet die abstrakte Gestaltung? Könnte damit eine von einem Kreis umgebene Rakete gemeint sein? Sehen wir einen Menschen, der hilflos seine Arme nach unten hängen lässt? Oder entsprechen die Striche nicht vielmehr einem N und einem D aus der militärischen Zeichensprache? Steht ND für „nuclear disarmament" (nukleare Abrüstung)? Holtom selbst legte sich öffentlich nicht fest; er ließ mehrere Antwortmöglichkeiten offen.

# Die Tricks der Mönche

**In der vorösterlichen Fastenzeit geht es nicht darum, abzunehmen. Der Verzicht auf opulente Mahlzeiten und auf Fleisch soll eher der inneren Einkehr dienen. Doch wenn es darum ging, die Fastenregeln zu brechen, waren gerade Geistliche sehr einfallsreich.**

Das Fasten ist vor allem für Katholiken von großer Bedeutung. Die zu beachtenden Regeln hat Papst Paul VI. im Jahr 1966 neu erlassen. Sie bestehen aus zwei Geboten. Zum einen ist dies die Abstinenz: Von Aschermittwoch bis Ostern sollen Gläubige kein Fleisch essen. Zum anderen gilt an Aschermittwoch und Karfreitag das Fastengebot: An jedem dieser Tage ist nicht mehr als eine Mahlzeit erlaubt. In früherer Zeit waren die Vorschriften erheblich strenger. So gehörten auch Milchprodukte sowie Eier zu den verbotenen Speisen.

Die Fastenregeln gestatten immerhin den Verzehr von Fisch. Seit dem Konzil von Konstanz (1414/18) galt eine recht eigenwillige Interpretation: Alle Tiere, die im Wasser leben, wurden als Fische klassifiziert. Bei den Bibern schien dies auch deshalb leichtzufallen, da sie einen unbehaarten, schuppig wirkenden Schwanz haben. Also wurde in der Fastenzeit gern Biber aufgetischt. Heutzutage werden sie in einigen Regionen Deutschlands wieder gejagt und auch verzehrt. Ihr Geschmack erinnert angeblich an Wild.

Die Kreativität der Mönche war mit den Bibern längst nicht erschöpft. So wurden der Legende zufolge mitunter Schweine in Flüsse und Teiche geworfen, um sie sogleich wieder einzufangen. Auf diese Weise zog man seine Speise den Vorschriften gemäß aus dem Wasser … Doch stimmt auch, dass diese Schweine auf Fischnamen getauft worden sind, etwa auf Karpfen?

Wirklich kurios ist ein anderer Name. Die Maultasche wird im Volksmund auch Herrgottsbescheißerle genannt. In der Teig-

Biber wurden in früheren Jahrhunderten derart intensiv gejagt, dass sie vom Aussterben bedroht waren.

tasche ließ sich Fleisch verstecken, welches man der Speise nicht ansah. Angeblich kamen Mönche des Klosters Maulbronn (Baden-Württemberg) auf diese Idee. Damit wäre zugleich die Wortherkunft von Maultasche nachvollziehbar. Allerdings gibt es auch andere Erklärungsmöglichkeiten.

Das Verhältnis deutscher Mönche zum Bier ist legendär. Noch immer werden Klosterbiere gebraut. Dem Gerstensaft sprachen Mönche auch während der Fastenzeit in großen Mengen zu. Das muss freilich nicht an der Lust auf Alkohol gelegen haben. Vielmehr gehörte Bier besonders in mittelalterlichen Städten zu den wichtigsten Getränken überhaupt. Es war im Vergleich zum oft verschmutzten Wasser schlichtweg das gesündere Lebensmittel. Dazu passt die alte Regel „Liquida non frangunt ieunum" (Flüssiges bricht das Fasten nicht). Auch in diesem Fall gibt es eine Legende. Um den Papst von der Unbedenklichkeit des Biers zu überzeugen, wurde ihm eine Probe nach Rom gesandt. Da das Bier auf der langen Reise verdarb, soll der Papst vom Geschmack des Getränks angewidert gewesen sein. Ein solches Gesöff hatte nichts mit Genuss zu tun, also konnte er es auch als Fastengetränk zulassen.

# Brav wie ein Lamm. 10 Fakten

**Ostern wird Lamm aufgetischt. Zum Frühstück gibt es ein Küchlein in Form eines Lamms, mittags einen Braten. So halten es viele Familien. Manche sind sich der Herkunft der Tradition nicht einmal mehr bewusst. Der Brauch reicht mehr als 2.000 Jahre zurück – und er hat tatsächlich mit Ostern zu tun.**

Etwa **430.000 Lämmer** werden jedes Jahr in Deutschland geboren. Diese Zahl ist seit dem Jahr 2012 recht konstant geblieben. Allerdings war die Zahl der Geburten zu Beginn des Jahrtausends noch doppelt so hoch. Der Hauptgrund für diesen Negativtrend: Die Schafhaltung ist in Deutschland finanziell gesehen wenig attraktiv.

Der **Pro-Kopf-Verzehr** an Lammfleisch in Deutschland liegt unter einem Kilogramm im Jahr. Zum Vergleich: Der gesamte Fleischverzehr beläuft sich auf knapp 60 Kilogramm pro Person. Trotz des geringen Anteils an Lamm reicht die Eigenproduktion nur für etwa die Hälfte des Bedarfs aus. Lammfleisch wird insbesondere aus Neuseeland und Großbritannien importiert.

Die meisten Schafe in Deutschland werden in **Bayern** gehalten. Es folgen Baden-Württemberg, Schleswig-Holstein und Niedersachsen, Nordrhein-Westfalen sowie Thüringen.

Zu den klassischen Motiven sakraler Kunstwerke gehört die Darstellung eines Lamms. Häufig ist ihm eine Fahne beigestellt, die ein **rotes Kreuz auf weißem Grund** zeigt. Das Lamm verkörpert Christus. Die sogenannte Siegesfahne ist ein Symbol der Auferstehung. In Gottesdiensten ist häufig auf Lateinisch vom Agnus Dei die Rede, vom Lamm Gottes.

Die weithin bekannte Redensart vom **Sündenbock** verweist auf eine Parallele zur Gleichsetzung Jesu mit einem unschuldigen Lamm. Das 3. Buch Mose des Alten Testaments erzählt außerdem, dass die Israeliten einen Bock mit all ihren Missetaten beladen haben. Sie schickten ihn mitsamt ihren Sünden hinaus in die Wüste, wo er starb.

Der Verzehr eines Lamms gehört zu den Ritualen des jüdischen Pessachfestes. Laut Altem Testament hat Gott die in Ägypten weilenden Juden angewiesen, **mit dem Blut von Lämmern** die Türrahmen ihrer Häuser einzustreichen. Dieses Zeichen bewahrte sie vor jenem Unheil, das der Herr den Ägyptern zugedacht hatte: Jeder Erstgeborene wurde erschlagen.

Die Tradition des Pessachfestes spiegelt sich wider im letzten Abendmahl. Das **Neue Testament** überliefert Jesu Worte angesichts des zubereiteten Lamms: „Mich hat herzlich verlangt, dies Passalamm mit euch zu essen, ehe ich leide. Denn ich sage euch, dass ich es nicht mehr essen werde, bis es erfüllt wird im Reich Gottes."

Die Offenbarung des Johannes berichtet von einer besonderen Fähigkeit des Lamms. Niemand, weder im Himmel noch auf Erden, vermag ein Buch zu öffnen, das Gott in Händen hält, das **Buch mit den sieben Siegeln.** Nur das Lamm ist würdig „aufzutun seine Siegel; denn du bist geschlachtet und hast mit deinem Blut Menschen für Gott erkauft".

Das Backen von **Lämmern aus Rührteig** gehört in vielen Familien zur Ostertradition. Katholische Christen nehmen diese Kuchen mit zum Gottesdienst und lassen sie segnen. Jenseits seiner übertragenen Bedeutung passt ein solches Küchlein hervorragend zum Fastenbrechen: Endlich gibt es wieder Süßes.

Das Gotteslamm wird auch von Fleischern genutzt – als eines ihrer **Zunftzeichen.** Eine besonders prächtige Agnus-Dei-Variante stellt das stadtgeschichtliche Museum von Templin (Brandenburg) aus. Es handelt sich um die mit goldfarbenem Garn bestickte Fahne der örtlichen, im Jahre 1735 gegründeten Fleischerinnung.

Das Lamm Gottes als Relief über einer Kirchenpforte

# Heidi darf nicht laufen

Ist das christliche Abendland in Gefahr, wenn am Karfreitag lustige Filme mit Didi Hallervorden oder Louis de Funès laufen? Verletzen Max und Moritz das religiöse Empfinden an diesem stillen Feiertag? Die ehrenamtlichen Prüfer der Freiwilligen Selbstkontrolle der Filmwirtschaft (FSK) sehen dies offenbar so. Mehr als 700 Filme dürfen am Karfreitag nicht öffentlich aufgeführt werden. Dazu gehören Sexfilme und Action-Abenteuer, Horrorstreifen und Kinderfilmklassiker. Laut der FSK hat sich die Spruchpraxis in den letzten Jahrzehnten jedoch erheblich gewandelt. Noch in den 60er-Jahren wurde mehr als jeder zweite Kinofilm auf den Feiertagsindex gesetzt. Mittlerweile soll es nur noch jeder 100. Film sein. Zwischenzeitlich war sogar die Aufführung der „Feuerzangenbowle" mit Heinz Rühmann nicht erlaubt. Die Prüfer störten sich daran, dass der lustspielhafte Charakter dem Ernst des stillen Feiertags widersprach. 1980 wurde dieses Verbot wieder aufgehoben.

An Karfreitagen dürfen unter anderem diese Filme nicht aufgeführt werden (in Klammern das Jahr der Nichtzulassung):

**Nachts, wenn die Zombies schreien (1980)**
Louis, der Spagettikoch (1981)
Didi Hallervorden – Alles im Eimer (1981)
Das turbogeile Gummiboot (1984)
Ghostbusters (1984)   **Max und Moritz (1985)**
Monty Python – Das Leben des Brian (1986)
Police Academy – Dümmer als die Polizei erlaubt (1988)
Die Toten Hosen: 4 Akkorde für ein Halleluja (1991)
Scream (1998)  **Anatomie (2000)**
**Heidi in den Bergen (2001)**   Dumm und Dümmer (2003)
A Nightmare on Elm Street (2010)  Final Destination 5 (2011)
**Vacation – Wir sind die Griswolds (2015)**

# Zwei alte Hasen

**„Was geht, Alter?" Na, haben Sie den flapsigen Gruß auch schon mal gehört? Meinen Sie, dies sei ein typischer Spruch, wie ihn nur die heutige Jugend erfinden konnte? Dann müssen Sie jetzt ganz tapfer sein.**

Der Satz lässt sich zurückverfolgen bis ins Jahr 1940 und er führt uns direkt zu einem der berühmtesten Hasen der Welt. Zu Bugs Bunny. 1940 kam das erste seiner Abenteuer in die Kinos. Bereits in diesem Trickfilm wirft Bugs Bunny seinem Gegenspieler ein freches „What's up, Doc?" an den Kopf. Fortan sollte der Gruß zum Running Gag in rund 200 Filmen werden. Generationen von Kindern haben ihn immer wieder aufs Neue vernommen.

In „A Wild Hare" („Die Hasenfalle") trat der Hase noch ohne Namen auf. Erst im zweiten seiner Trickfilme wurde er Bugs Bunny genannt. Das minderte den grandiosen Publikumserfolg des Debütfilms indes nicht. 1941 wurde er für einen Oscar in der Kategorie „Bester animierter Kurzfilm" nominiert. Allerdings ging der Preis an einen Trickfilm, in dem drei Kätzchen die Hauptrolle spielten. Dann aber, 1958, klappte es doch noch mit einem Oscar für Bugs Bunny.

Der bekannte Trickfilmhase als lebensgroße Kostümfigur

1988 widmete die Post der Sowjetunion den Trickfilmhelden Wolf und Hase eine Sonderbriefmarke.

Weitere elf Jahre später startete auf der anderen Seite des Eisernen Vorhangs ein weiterer Hase seine Trickfilm-Karriere. Im Gegensatz zu seinem amerikanischen Artgenossen trug der sowjetische Hase jedoch keinen Namen. Es blieb bei Sajaz, also beim russischen Wort für Hase. Das Handlungsschema seiner Abenteuer ist immer gleich: Der Hase wird von einem Wolf verfolgt, sei es am Strand oder beim Wintersport, auf einer Baustelle oder im Zirkus. Wie bei Bugs Bunny gibt es auch in den sowjetischen Folgen einen wiederkehrenden Spruch. Er lautet: „Nu, pogodi!" („Na, warte nur!"). Allerdings ist es nicht Sajaz, der derart droht, sondern der Wolf.

# Jesus Christ Superstar. 10 Fakten

**1971 erlebte eine bis heute umstrittene Rockoper ihre Premiere in New York. „Jesus Christ Superstar" erzählt die letzten sieben Tage Jesu aus der Sicht des Judas.**

**1.** Die Uraufführung am Broadway wurde von heftigen Protesten begleitet. Insbesondere konservative Christen störten sich daran, dass Judas nicht nur eine zentrale Rolle spielt, sondern angeblich sogar zum Helden stilisiert wird. Auch die Verlegung der Handlung ins Hippie-Zeitalter stieß bei ihnen auf wenig Gegenliebe.

**2.** Während das Premieren-Publikum inclusive des New Yorker Bürgermeisters von der Rockoper hellauf begeistert war, zerrissen Zeitungskritiker das Stück. Das Musical sei vulgär und blasphemisch, hieß es. Das New York Magazine meinte gar, dass die Aufführung mehr Ähnlichkeit mit der Gosse habe als mit Gospel.

**3.** „Jesus Christ Superstar" war von dem damals noch recht unbekannten Komponisten Andrew Lloyd Webber und dem Texter Tim Rice verfasst worden. Bereits zwei Jahre zuvor hatten sie mit „Joseph" eine biblische Geschichte als Musical erzählt. Webber komponierte zahlreiche weitere erfolgreiche Musicals, darunter „Cats", „Starlight Express" und „Das Phantom der Oper".

**4.** Bereits vor der Uraufführung war die Rockoper als Schallplatte in Großbritannien erschienen. Die Rolle des Jesus sang Ian Gillan, seinerzeit Mitglied der Hardrock-Gruppe „Deep Purple". Das Album schaffte es bis auf Platz 1 der legendären Billboard-Charts in den USA.

**5.** Der Titel des Musicals entstammt einem Lied, das Judas und ein Chor gemeinsam anstimmen. Jesus muss sich anhören, dass er in der falschen Zeit und im falschen Land lebe. Zweifelsohne würde es ihm im Fernseh-Zeitalter besser ergehen. Schließlich fragt Judas, ob sich Jesus je vorstellen konnte, dass sein Tod in einem Schlager besungen wird.

**6.** Als das Musical 1972 in Schweden seine Premiere erlebte, war in der Rolle der Maria Magdalena eine gewisse Agnetha Fältskog zu hören. Nur sechs Wochen später nahm Agnetha gemeinsam mit Björn, Benny und Anni-Frida ihr erstes gemeinsames Lied auf. „People need love" markiert die Geburtsstunde von Abba.

**7.** Allein 720 Aufführungen erlebte die originale Inszenierung am Broadway. In Deutschland wurde die Rockoper mehrfach inszeniert, unter anderem 1972 mit Reiner Schöne als Jesus. In der Dortmunder Produktion von 2014/15 übernahm Alexander Klaws, also der Gewinner von „Deutschland sucht den Superstar", die Rolle des Superstars Jesus Christus.

**8.** Die Bühnen der DDR führten „Jesus Christ Superstar" nicht auf. Im sozialistischen Teil Deutschlands gehörte die Ablehnung des Glaubens an Gott zur Staatsdoktrin. Der Nachholbedarf war nach der Wende offenbar groß: Im Jahr 2005 blieb während der vierwöchigen Erfurter Domstufen-Festspiele keine Karte unverkauft.

**9.** 1973 wurde die Rockoper verfilmt. Eine Gruppe junger Leute spielt die letzten Tage Jesu in der heutigen Zeit nach. Unter anderem erleben wir Jesus, der auf einem Marktplatz einen Stand mit Postkarten umwirft. Rollende Panzer sowie modern ausgerüstete Soldaten sorgen für harte Kontraste zur Flower-Power-Romantik.

**10.** In Deutschland hat die Melodie des Liedes „The Last Supper" (Das letzte Abendmahl) inzwischen Eingang in das katholische Gesangbuch „Gotteslob" gefunden. Der Titel des Liedes lautet „Nimm, o Gott, die Gaben, die wir bringen".

# Hier bin ich Mensch

**Goethes Osterspaziergang ist eines der großen deutschen Gedichte. Es erzählt von frühlingshaften Momenten vor den Toren einer Stadt. Doch welchen konkreten Ort hat der Dichter beschrieben? Ist es seine Geburtsstadt Frankfurt? Oder seine Wahlheimat Weimar? Oder, oder, oder …**

„Vom Eise befreit sind Strom und Bäche, durch des Frühlings holden, belebenden Blick." Mit diesen Versen eröffnet Faust seinen österlichen Monolog. Er schwärmt von herausgeputzten Menschen, die sich an der erwachenden Natur erfreuen. „Kehre dich um, von diesen Höhen nach der Stadt zurück zu sehen! Aus dem hohlen finstern Tor dringt ein buntes Gewimmel hervor." Allerdings nennt der Dichter weder eine konkrete Stadt noch einen bestimmten Landstrich. Wir erfahren lediglich, dass besagte Stadt an einem Fluss liegt. Sie ist umgeben von Feldern und Gärten. All dies trifft auf Frankfurt/Main und Weimar zu, ganz so übrigens, wie auf viele andere Orte auch.
Schwieriger ist's da schon um diesen Hinweis bestellt: „Selbst von des Berges fernen Pfaden blinken uns farbige Kleider an." Könnte damit der Taunus gemeint sein? Oder der Thüringer Wald?

Wo hat Goethe jene Spaziergänger beobachtet, die Faust beschreibt mit „Zufrieden jauchzet groß und klein: Hier bin ich Mensch, hier darf ich's sein!"? Der Dichter gab darauf keine überlieferte Antwort. Nicht mal in seiner Autobiografie „Dichtung und Wahrheit" findet sich ein versteckter Hinweis. Literaturwissenschaftler und Goethe-Verehrer haben seitdem immer wieder versucht, das Rätsel zu lösen. Vergebens. Selbst das Entstehungsjahr dieser Faust-Passage lässt sich nicht eindeutig belegen. Oder, mit anderen Worten: Es gibt weder einen Beleg dafür noch einen dagegen, dass der Osterspaziergang von der Stadt am Main oder von der an der Ilm erzählt. Sowohl Frankfurt als auch Weimar dürfen also weiter hoffen, ebenso wie Mainz und Wetzlar, Erfurt und Leipzig …

Gut möglich, dass Goethe bei seinen Versen überhaupt keinen konkreten Ort vor Augen hatte, sondern grundverschiedene Landschaften. Wahrhaft Erlebtes könnte auf diese Weise zu einem österlichen Idealbild verschmolzen sein. War es so – oder doch ganz anders? Wir werden es vermutlich nie erfahren.

Der Faust ist Goethes Hauptwerk. Das wird nicht nur angesichts der Playmobil-Figur des Dichters deutlich. Die Tragödie ist darüber hinaus das meistzitierte klassische Stück in Deutschland. Aus diesem Drama stammt der Osterspaziergang.

# Mit Feuer und Wasser

Es gibt viele Möglichkeiten, österliches Brauchtum zu pflegen. Die einen rollen Eier oder Feuerräder einen Berg herunter, andere wohnen andächtig einer Prozession bei. Obwohl Ostern ein christliches Fest ist, gründen einige Bräuche in heidnischen Ritualen.

### OSTERFEUER LODERN

bereits seit germanischer Zeit. Sie sollten ursprünglich den Winter und mit ihm die bösen Geister vertreiben. Mittlerweile haben Osterfeuer einen volksfestartigen Charakter angenommen. Gelegentlich wetteifern die Burschen benachbarter Dörfer darum, wer das größere Feuer entfacht. Kulturgeschichtlich aufschlussreich ist ein Briefwechsel aus dem Jahr 751. Damals hatte sich der in Deutschland tätige Missionar Bonifatius mit mehreren für seinen Alltag wichtigen Fragen an den Papst gewandt. Unter anderem ging es ums Osterfeuer sowie um den Verzehr von Hasen, Störchen und Pferden. Während der Papst das Verspeisen dieser Tiere untersagte, erkannte er in den Osterfeuern eine Parallele zu den in Kirchen brennenden Lampen mit gesalbtem Öl. Damit waren die Feuer von höchster Stelle gutgeheißen.

### DAS ENTZÜNDEN DER OSTERKERZE

ist fester Bestandteil der Gottesdienste in der Osternacht. Jesus Christus wird als das Licht der Welt gefeiert. Die Flamme der Kerze ist ein Symbol für den Sieg über den Tod. Im Text des vorgetragenen Osterlobs heißt es: „Dies ist die Nacht, in der die leuchtende Säule das Dunkel der Sünde vertrieben hat." Osterkerzen bestehen zumindest in Teilen aus Bienenwachs; der wertvolle Rohstoff ist durch die Liturgie vorgeschrieben. Sie sind besonders groß und brennen häufig bis Pfingsten, teils werden sie an Christi Himmelfahrt gelöscht. Die Osterkerzen werden bei vielen weiteren Gelegenheiten neu entzündet, um mit ihrem Licht weitere Kerzen anzustecken, etwa für Täuflinge und Brautpaare.

## GESCHMÜCKTE OSTERBRUNNEN

gab es zunächst vor allem in Franken. Von dort aus breitete sich dieser Brauch im 20. Jahrhundert in andere Regionen aus. Die historischen Wurzeln des Schmückens sind unbekannt. Nur so viel ist gewiss: Als Spender des lebenswichtigen Wassers wurden Dorfbrunnen seit eh und je verehrt. Kunstvolle Kronen aus Zweigen und Eiern sowie geflochtene Kränze sind typische Elemente, um Brunnen zu verzieren. Die mit den meisten Eiern geschmückten Osterbrunnen werden im Guinnessbuch aufgelistet. 26.898 ausgeblasene sowie bemalte Eier verhalfen Oberstadion (Baden-Württemberg) im Jahre 2014 zum Rekord.

Geschmückter Dorfplatz im thüringischen Großmölsen

## WER OSTERWASSER HOLT,

huldigt einem einst heidnischen Brauch. Er ist insbesondere im Spreewald beheimatet. In der Nacht laufen Frauen zum Dorfbrunnen oder einem Bach, um Wasser zu schöpfen. Auf dem Weg dürfen sie nicht sprechen. Dem Wasser werden Wunderkräfte nachgesagt. Vieh, das mit ihm besprenkelt wird, bleibt gesund. Junge Frauen waschen sich damit Gesicht und Hals. Das kühle Nass lässt sie bis zum nächsten Osterfest schön und frisch aussehen. Die Tradition wird nur noch selten gepflegt, was angesichts der sagenhaften Wirkung durchaus verwundern mag. Vielleicht liegt's ja daran, dass junge Frauen lieber auf Kosmetika setzen und Bauern auf einen Veterinär.

## OSTERREITERN BEGEGNEN WIR

vor allem in der Lausitz und in Bayern, also in traditionell katholischen Regionen. Teils versammeln sich Hunderte festlich gekleideter Reiter zu einer Prozession. Die Männer tragen schwarze Anzüge und Zylinder. Der Ritt führt in eine benachbarte Gemeinde. Dorthin, so lautet der Auftrag, sollen die Reiter den Glauben an die Auferstehung tragen. Üblicherweise findet zur gleichen Zeit ein Gegenbesuch von Reitern der besuchten Gemeinde statt. Zu den besonderen Regeln des Osterritts gehört, dass sich beide Prozessionen nicht begegnen dürfen. Deshalb werden Wege und Zeiten aufeinander abgestimmt. Die ältesten bekannten Osterritte fanden im 15. Jahrhundert statt.

## WENN OSTEREIER ROLLEN,

dann bergab sowie um die Wette. Vor allem Kinder haben daran ihre helle Freude. Je nach Spielregeln gewinnt derjenige, dessen Ei am weitesten rollt oder aber dessen Ei unbeschädigt bleibt. Natürlich gibt es auch eine Prämie: Der Sieger erhält die Eier der Verlierer.

## BEIM OSTERRÄDERLAUF VON LÜDGE

rollen sechs riesige, brennende Räder vom Osterberg aus zu Tale. Die aus Holz bestehenden Räder werden zuvor tagelang im

Fluss Emmer gewässert, sodass ihnen die Flammen nichts anhaben können. Tatsächlich brennt nur das Stroh, das in die Räder geflochten wurde. Die älteste bekannte Erwähnung des Lüdger Osterräderlaufs ist datiert auf 1743; damals wurde er verboten. Generell ist dieses Brauchtum in Deutschland seit dem frühen 16. Jahrhundert bezeugt. Der Legende zufolge reicht es bis in heidnische Zeiten zurück. Kippt ein Osterrad nicht um und erreicht das Tal, soll dies ein Omen für eine gute Ernte sein. In Lüdge verfolgen Tausende Zuschauer das alljährliche Spektakel am Ostersonntag. Es gehört zum immateriellen Kulturerbe in Nordrhein-Westfalen. Vereinzelt rollen auch andernorts Feuerräder.

**WER MIT OSTEREIERN BOXT,**
stellt deren harte Schale auf die Probe. Zwei Mitspieler schlagen ihre hart gekochten Eier mehr oder weniger kräftig gegeneinander. Wessen Ei zu Bruch geht, der hat verloren. Für dieses Boxen gibt es regional sehr unterschiedliche Begriffe. Man kann die Eier zum Beispiel titschen, pecken, stoßen, hüten und dotzen.

Mit diesen Eiern gewinnt man beim Titschen garantiert. Sie bestehen aus Stein.

# Was uns blüht

Vor dem Osterfest schmücken viele Familien gern einen traditionellen Strauß. Sie stellen Zweige in eine Vase und behängen sie mit Eiern. Darüber hinaus gibt es Blumen und Pflanzen, die sich mit Ostern verbinden lassen – auch wenn uns dies nicht immer bewusst ist.

### BEI DER OSTERGLOCKE

handelt es sich um eine gelb blühende Narzisse. Als Wildpflanze ist sie in Deutschland selten geworden, während kultivierte Pflanzen zu den meistverkauften Blumen im Frühling gehören. Wer Zwiebeln der Osterglocken im eigenen Garten gesteckt hat, weiß: Sie erblühen immer um die Osterzeit. Damit lag offenbar der Gedanke nahe, ihr alljährlich neues Erscheinen mit der Auferstehung in Verbindung zu bringen.

## DIE OSTERLILIE

hat große sowie strahlend weiße Blüten. Sie ist die weltweit am häufigsten als Schnittblume gehandelte Lilienart. Dank eines gezielten Anbaus ist sie nicht nur in der Osterzeit verfügbar, sondern nahezu das gesamte Jahr. Lilien kommen wiederholt in der Bibel vor. Jesus erzählt von ihrer Schönheit: „Seht die Lilien, wie sie wachsen: Sie arbeiten nicht, auch spinnen sie nicht. Ich sage euch aber, dass auch Salomo in aller seiner Herrlichkeit nicht gekleidet gewesen ist wie eine von ihnen." Mit Salomo ist einer der jüdischen Könige gemeint. Der österliche Namenszusatz der Lilie verweist auf ihre reine, unschuldige Farbe. Weiß ist die Farbe der Engel. In der Osterzeit werden Altäre häufig mit Lilien geschmückt.

## DER OSTERKAKTUS

hat ebenso wie der Weihnachtskaktus nichts mit der biblischen Geschichte zu tun. Beide miteinander verwandten Kakteen verdanken ihren Namen ihrer jeweiligen Hauptblühzeit. Zugleich lassen sie sich anhand ihrer Blütenform unterscheiden. Die Blüten des Osterkaktus sind im geöffneten Zustand sternförmig, die des weihnachtlichen Kaktus lang gestreckt.

# Gut Ei und Kikeriki

**Osterhasen sind nicht beim Sommergewinn in Eisenach dabei. Dennoch gilt das Fest als kleines Ostern. Der Umzug findet immer drei Wochen zuvor statt. Zehntausende Gäste strömen herbei.**

Frau Sunna vertreibt den Winter.

Höhepunkt des Umzugs ist ein Streitgespräch zwischen Frau Sunna und Herrn Winter. „Wohlan, zum Kampfe bin ich bereit, den Sieg will ich heute erringen!", ruft sie ihm entgegen. Er ist zwar bereits in Ketten gelegt, sitzt aber voller Selbstbewusstsein auf einem Thron aus Eis und Schnee. „Noch tobt der Nordwind in meiner Brust!" Doch Frau Sunna ist um eine Lösung nicht verlegen.
Sie ruft das Volk auf, große Feuer auf den Höhenzügen zu entfachen. „Seht nur, ihr Menschen, der Winter – er brennt!"

Monatelang bereitet sich die Sommergewinnszunft Eisenach e. V. auf das Volksfest vor. Frauen binden Abertausende Blumen und Girlanden aus Krepp, mit denen etliche Häuser der Vorstadt sowie die Festwagen geschmückt werden. Wer beim Wettbewerb ums schönste Haus gewinnen möchte, darf keine Blumen aus Vorjahren verwenden. Überhaupt sind den Eisenachern frühlingshafte Symbole wichtig. Für das Fest stehen stellvertretend diese drei: der Hahn, das Ei und eine Brezel. Der Hahn verkündet die Morgenröte. Das Ei verkörpert die Fruchtbarkeit und die in sich verschlungene Brezel den nie endenden Kreislauf der Natur. Auch einen Gruß gibt es zum Sommergewinn: „Gut Ei und Kikeriki!"

Die älteste bekannte Erwähnung des Fests ist datiert auf 1704. Den Umzug gibt es seit 1897. Er steht jenseits des Streitgesprächs unter einem stets wechselnden Motto, das sich mit der Historie verbindet. An Themen mangelt es nicht in jener Stadt, in der die Wartburg steht, in der Luther zur Schule ging und das Neue Testament übersetzt hat, in der Johann Sebastian Bach geboren worden ist und in deren Umland Richard Wagner seinen Tannhäuser angesiedelt hat.

# Osterferien in Ostern

**Die Tage um Ostern sind beliebt für Kurzurlaube. Wir können sogar an Orte reisen, die bereits dem Namen nach Osterstimmung aufkommen lassen.**

Wer entlang der Bundesstraße 107 von Rostock nach Stralsund fährt, dürfte bereits nach wenigen Kilometern angesichts eines Ortsschildes ins Grübeln geraten. Wie spricht man eigentlich Häschendorf aus? Sagt man Häs-chendorf oder doch lieber Häschendorf? Die Einwohner tendieren zu letztgenannter Möglichkeit. Trotzdem dürfte sich so mancher Gast für jene Aussprache entscheiden, die an hoppelnde Hasen erinnert. Den passenden Auslauf rund ums Dorf finden die Tiere hier allemal. Eine große Koppel trägt den Flurnamen Osterwisch. Noch dazu heißt ein angrenzendes Wäldchen Osterholz. Wie auch immer: Osterferien lassen sich hier wunderbar verbringen. Entlang der Ostseeküste kann man stundenlang wandern; auch der Rostocker Hafen liegt nahebei.

Am anderen Ende Deutschlands, im Allgäu, ist das ganze Jahr über Ostern – in Ostern. Der Weiler hat lediglich fünf Bauernhöfe, aber immerhin gibt es auch Gästebetten und eine Kapelle. Wer hier am Fuß der Ammergauer Alpen urlaubt, kommt vor allem zum Wandern und genießt die Stille. Nur einige Kilometer entfernt herrscht derweil unablässig Trubel: Schloss Neuschwanstein lockt bis zu 1,5 Millionen Besucher pro Jahr an. Ganz gewiss übernachten nicht wenige von ihnen in weiteren österlich klingenden Orten. Im Allgäu gibt es außer Ostern noch 14 Gemeinden und Ortsteile, die mit „Oster" beginnen: Osterdorf, Osterberg, Osterried ... Jedoch wissen Chronisten davon zu berichten, dass sich all diese Namen nicht auf das Fest beziehen, sondern auf die Himmelsrichtung Osten.

Wer einmal in Ostern weilt, könnte sogleich einen Abstecher nach Goldhasen wagen. Zwischen beiden Orten liegen gerade mal 20 Kilometer. Allerdings sollte man nicht darauf hoffen, in Goldhasen eine Schokoladenmanufaktur zur Produktion der gleichnamigen Hohlfiguren vorzufinden. Dazu müsste man schon das Allgäu verlassen und nach Aachen reisen.

„Oster" führen unglaublich viele Orte in Deutschland im Namen. Sogar ein Ostereistedt gibt es, und zwar in Niedersachsen. Noch dazu ist hier ein Osterhasen-Postamt beheimatet. Wer an Hanni Hase schreibt, bekommt Antwort, verspricht die Deutsche Post auf ihrer Internetseite. Im Ortswappen sind weder Eier noch Hasen zu sehen. Es zeigt vielmehr einen Raben und drei Eichenblätter. Der Vogel steht für den mit Ostereistedt fusionierten Nachbarort. Das Laub deutet die wahre Bedeutung des Ortsnamens an: Osterei(ch)stedt. Oster wiederum weist auf den Fluss Oste hin. An ihm standen dereinst offenbar viele Eichen.

Das Ortsschild von Häschendorf sagt bereits alles. Oder etwa nicht?

# Wie andere feiern

**Ostern feiern Menschen in aller Welt aus demselben Grund. Doch die dabei zelebrierten Bräuche unterscheiden sich teils sehr.**

## PROZESSIONEN ÜBER PROZESSIONEN

finden in Andalusien (Spanien) zwischen Palmsonntag und Ostersonntag statt. Hunderte Mitglieder der örtlichen Bruderschaften schlüpfen in die Rolle von Büßern. Sie tragen bodenlange Kutten und Umhänge sowie Hauben, welche auch ihre Gesichter komplett bedecken. Je nach Rang und Aufgabe des Büßers fallen die Kopfbedeckungen verschieden aus. Am markantesten sind die aufrecht stehenden Spitzhauben.

## HIEBE MIT RUTEN

setzt es am Palmsonntag in Finnland. Die Zweige werden von Birken geschnitten. Die Menschen schlagen sich damit gegenseitig leicht auf den Rücken. Die Prozedur soll die Erinnerung an den Einzug Jesu in Jerusalem wachhalten, der von Palmzweigen begleitet worden ist.

## EINE HANDVOLL KLEINGELD

verteilen die britischen Herrscher seit dem Mittelalter an bedürftige Pensionäre. Eigens dafür werden Münzen zu 1, 2, 3 sowie 4 Pence geprägt. Der Nominalwert ist gering, ein Pence entspricht etwa einem Cent. Der Sammlerwert gilt jedoch als hoch. Der Betrag der Spende entspricht den Lebensjahren des Regenten. So verteilte Queen Elizabeth im Jahr 2020 genau 94 Pence an jeweils 94 Pensionäre. Die Zeremonie findet immer am Gründonnerstag statt. Sie knüpft an die Fußwaschung durch Jesus beim letzten Abendmahl an und gilt als Zeichen der Demut.

Prozession im südspanischen Murcia

Die Postkarte (vor 1939) zeigt den polnischen Osterbrauch.

## EINE WASSERSCHLACHT

findet am Ostermontag in Polen statt. Wer Glück hat, wird nur symbolisch mit Wasser benetzt. Sehr häufig kommen Wassereimer und Wasserpistolen zum Einsatz. Vor allem Frauen sind Ziel der Überfälle. Immerhin soll ihnen die kalte Dusche zu ewiger Schönheit verhelfen. Śmigus-dyngus erinnert an die Taufe slawischer Fürsten im 10. Jahrhundert und damit an den Übertritt ihres Volkes zum Christentum. In Ungarn gibt es einen ähnlichen Brauch. Hier bitten die Männer aber zuvor um Erlaubnis, die Frauen benetzen zu dürfen.

## EINE EIERSCHLACHT

findet am Ostersonntag vor bulgarischen Kirchen statt. Familienangehörige und Freunde bewerfen sich gegenseitig mit Eiern. Wessen Ei heil bleibt, dem soll während der kommenden zwölf Monate besonders viel Glück beschieden sein.

### EINE SKURRILE BESTATTUNG

findet am Ostersonntag in Irland statt. Prozessionen enden mit dem Ausheben kleiner Gräber auf einer Wiese. In ihnen werden Heringe bestattet. Damit ist das Ende der Fastenzeit besiegelt.

### JUDASPUPPEN AUS PAPPMACHÉ

sind am Ostersamstag auf Mexikos Straßen zu sehen. Ihr Schicksal ist bereits besiegelt: Sie werden unter großer öffentlicher Anteilnahme verbrannt. Dabei gehen auch Nachbildungen unbeliebter Politiker sowie Fantasiefiguren in Flammen auf.

### GESCHMÜCKTE HÜTE

sind ein Muss für jeden, der am Ostersonntag an der Parade in New York teilnehmen möchte. Dabei gilt die Devise: Je bunter und schriller, umso besser. Teils tragen Frauen und Männer meterhohe Konstruktionen spazieren. Der Brauch karikiert klassische Osterspaziergänge, für die sich die vornehmen Leute früher extravagant herausputzten. Die erste Parade fand 1870 statt.

# Massaker am Ostermontag

**Die Osterinsel ist zwar eines der entlegensten Eilande auf Erden, aber zugleich eines der legendärsten. Hunderte von kolossalen Steinfiguren stehen auf ihr. Was verbindet die Südseeinsel mit Ostern?**

Nahezu überall entlang der Küste stößt man auf die sogenannten Moai. Die Figuren sind ob ihrer Größe kam zu übersehen. Teils ragen sie bis zu zehn Meter in die Höhe. Etliche von ihnen sind umgestürzt, einige scheinen planlos in der Landschaft verteilt zu sein. Doch nirgends wirken die Moai derart erhaben und majestätisch wie am Zeremonialplatz Ahu Tongariki. 15 Figuren stehen hier in Reih und Glied. Über die Gesamtzahl der Moai gibt es abweichende Angaben. Mehr als 800 sind dokumentiert; vermutlich existierten zu Beginn des 18. Jahrhunderts sogar über 1.000.

Der Zeremonialplatz Ahu Tongariki wurde in den 1960er-Jahren rekonstruiert.

Während die Besiedlungsgeschichte der Osterinsel bei Weitem noch nicht erforscht ist, steht zumindest für die Besitznahme durch westliche Seefahrer sogar das genaue Datum fest. Am 6. April 1722 landeten drei Schiffe der Niederländischen Westindienkompanie. Da es Ostermontag war, gab Kommandant Jakob Roggeveen der Insel kurzentschlossen den Namen Paasch Eylandt. Er steht auf Holländisch für Osterinsel.

Zu den Expeditionsteilnehmern gehörte mit Carl Friedrich Behrens ein Marinesoldat aus Rostock. Er veröffentlichte eine ausführliche Reisebeschreibung in Form eines Buchs. So wurden die Maoi, welche er selbst Götzenbilder nannte, schon in der ersten Hälfte des 18. Jahrhunderts auch in Deutschland bekannt. Zugleich verschwieg Behrens nicht jenen Blutzoll, den die Ureinwohner zu zahlen hatten. Weil sich nach der Landung Hunderte neugierige Menschen um die Seefahrer drängten, schossen die Europäer mit Gewehren in die wehrlose Menge. Die Zahl der Toten gab der Soldat mit „viele" an.

# Das Quiz für Ostern-Experten

1. **Wie nennt man die Ohren der Hasen?**

a) Lauscher
b) Löffel
c) Horchlappen

2. **Was ist des Hasens Lampe?**

a) Teil des Schwanzes
b) Nasenspitze
c) Vorderbeine

3. **Wer führte den Namen Ostern auf die Göttin Ostara zurück?**

a) Monty Python
b) Jacob Grimm
c) Alexander von Humboldt

4. **Wie viele Eier werden jährlich pro Kopf in Deutschland verbraucht?**

a) 135
b) 335
c) 235

5. **Wer schuf weltberühmte Ostereier aus Diamanten?**

a) Peter Carl Fabergé
b) Charles Lewis Tiffany
c) Louis-François Cartier

6. **Deren Herstellung endete 1917. Was war der Auslöser?**

a) Russische Revolution
b) Geldknappheit des deutschen Kaisers
c) Inflation in den USA

7. **Wovon hängt die Festlegung des Osterdatums ab?**

a) Sonnenaufgang am 1. März
b) Wasserstand der Mosel
c) Frühlingsvollmond

8. **Wer schrieb den Osterspaziergang?**

a) Goethe
b) Schiller
c) Fontane

9. **Von welcher Stadt erzählt der Osterspaziergang?**

a) Frankfurt am Main
b) Weimar
c) das ist unbekannt.

10. **Wer zeichnete den berühmten Feldhasen?**

a) Leonardo da Vinci
b) Raffael da Urbino
c) Albrecht Dürer

**11. Wer ist der alternative Osterhase in Australien?**

a) Hasenkänguru
b) Kaninchennasenbeutler
c) Nacktnasenwombat

**12. Welche Schokofiguren werden häufiger verkauft?**

a) Osterhasen
b) Weihnachtsmänner
c) Osterlämmer

**13. Wie heißt der Hase im Postamt von Ostereistedt?**

a) Bugs Bunny
b) Hanni Hase
c) Hoppel Langohr

**14. Als was bezeichnete sich Jesus vor dem römischen Statthalter?**

a) Zimmermann
b) König
c) Sohn Gottes

**15. In was wusch Pontius Pilatus am Kreuzigungstag seine Hände?**

a) Blut
b) Unschuld
c) Weihwasser

**16. Was wurde aus dem Soldaten, der Jesus mit der Lanze in die Seite stach?**

a) Römischer Heerführer
b) Heiliger der Christenheit
c) Jerusalems Statthalter

**17. Welches Gotteshaus entstand über Jesu Felsengrab?**

a) Grabeskirche
b) Hagia Sophia
c) Felsendom

**18. Welchem Menschen erschien der Auferstandene zuerst?**

a) Petrus
b) einem Soldaten
c) Maria Magdalena

**19. Was ist mit Agnus Dei gemeint?**

a) das Lamm Gottes
b) der Esel, auf dem Jesus nach Jerusalem ritt
c) die Todesstunde Jesu

**20. Wie heißt der erste Sonntag nach Ostersonntag?**

a) Weißer Sonntag
b) Palmsonntag
c) Christi Himmelfahrt

**21. In welchem Teil der Bibel erzählen die vier Evangelisten die Ostergeschichte?**

a) Altes Testament
b) Neues Testament
c) A und B stimmen

**22. Wann erteilt der Papst den Segen „urbi et orbi"?**

a) Ostern und Weihnachten
b) nur Ostern
c) nur Weihnachten

**23. Wer brachte in früheren Zeiten ebenfalls Ostereier?**

a) Luchs
b) Fuchs
c) Wolf

**24. Welcher Vogel tat es ihm gleich?**

a) Wiedehopf
b) Zaunkönig
c) Storch

**25. Wen oder was soll ein Osterfeuer vertreiben?**

a) Eierdiebe
b) Langeweile
c) den Winter und böse Geister

**26. In welchem Meer liegt die Osterinsel?**

a) Nordsee
b) Südsee
c) Ostsee

**27. Warum dauert die vorösterliche Fastenzeit länger als die viel zitierten 40 Tage?**

a) Sonntage zählen nicht mit
b) ein historischer Rechenfehler
c) Ostern ist ein bewegliches Fest

**28. Was durfte man in der Fastenzeit nicht konsumieren?**

a) Bier
b) Biber
c) Eier

**29. Welche Buchstaben stehen auf Osterkerzen?**

a) Alpha und Omega
b) INRI
c) CMB

**30. Wann endet für Christen die Osterzeit?**

a) Aschermittwoch
b) Ostermontag
c) Pfingsten

# Quiz-Lösungen

1. b – Löffel
2. a – Teil des Schwanzes
3. b – Jacob Grimm
4. c – 235 Eier
5. a – Peter Carl Fabergé
6. a – Russische Revolution
7. c – Frühlingsvollmond
8. a – Goethe
9. c – das ist unbekannt
10. c – Albrecht Dürer
11. b – Kaninchenhasenbeutler
12. a – Osterhasen
13. b – Hanni Hase
14. b – König
15. b – Unschuld
16. b – Heiliger der Christenheit
17. a – Grabeskirche
18. c – Maria Magdalena
19. a – das Lamm Gottes
20. a – Weißer Sonntag
21. b – Neues Testament
22. a – Ostern und Weihnachten
23. b – Fuchs
24. c – Storch
25. c – den Winter und böse Geister
26. b – Südsee
27. a – Sonntage zählen nicht mit
28. c – Eier
29. a – Alpha und Omega
30. c – Pfingsten

# Selten so gelacht

Was macht ein Ei, wenn es den Osterhasen trifft?
Es wirft sich in Schale.

Vater: „Es ist an der Zeit, dich aufzuklären. Es gibt keinen Weihnachtsmann und auch keinen Osterhasen. Das war immer ich."
Tochter: „Das weiß ich doch längst. Nur der Klapperstorch, das war der Nachbar."

Mutter: „Fritzchen, warum fütterst du die Hühner mit Kakao?"
Fritzchen: „Ich wünsche mir, dass sie zu Ostern Schokoeier legen."

Fragt ein Osterhase einen anderen: „Sag mal, glaubst du eigentlich an Hühner?"

Ein Hase kommt mit einem Straußenei auf den Hühnerhof. Er hält es den Hühnern vor: „Also Mädels, ich will ja nicht meckern, aber schaut mal, was die Konkurrenz macht …"

Zwei Hennen bestaunen die Eierbecher in einem Geschäft. „Hier gibt's aber schicke Kinderwagen …"

Warum soll man Ostereiern keine Witze erzählen?
Sie lachen sich sonst kaputt.

Zwei Osterhasen wandern nach China aus. Sagt der eine: „Wir hätten Stäbchen mitnehmen sollen. Mit unseren Löffeln fallen wir hier auf."

# Zitate

*„Bei uns ist alle Tage Ostern, nur dass man einmal im Jahr Ostern feiert."*
   Martin Luther

*„Es ist das Osterfest alljährlich für den Hasen recht beschwerlich."*
   Wilhelm Busch

*„War die Henne zuerst? Oder war das Ei vor der Henne?
Wer dies Rätsel erlöst, schlichtet den Streit um den Gott."*
   Johann Wolfgang von Goethe

*„Wer Ostern kennt, kann nicht verzweifeln."*
   Dietrich Bonhoeffer

*„Und ich sag's, es bleibt dabei, gern such ich ein Osterei."*
   Hoffmann von Fallersleben

*„Ach, ich könnte alle Hennen küssen."*
   Joachim Ringelnatz